データを利益に変える！

# データドリブンセールス

データネクロマンサー
高橋 威知郎

Theme
settings ›› Design

Analytics ›› Prototype
construction

Business
utilization
›› Analog test operations
›› Digitization
›› AI・Robotization

同文舘出版

JN012897

# はじめに

あなたの会社はデータを活用し、利益を生み出し続けていますか？

何かしらのデータを活用はしているけど、どうであろうかと思われた方は、財務諸表を見るといいでしょう。財務諸表と聞くと大げさな感じがしますが、要は売上や利益、コストなどを見るといいということです。

うまくいっていれば、売上や利益、コストなどに何かしら変化が起きているはずです。1年経ってもピクリとも変化しない場合、そのデータ活用（データサイエンスや機械学習など含む）の取り組みはうまくいっていない可能性が高いです。

では、データ活用で成果が出ない場合、何が問題なのでしょうか？

- データが不十分だから
- IT 基盤が不十分だから
- 数理モデルの精度が不十分だから

「うちの会社にはデータが十分にないから」という言い訳もよく聞きますが、多くの企業には、活用できそうなデータは何かしら存在します。例えば、受発注や売上、出荷履歴などのデータは必ずあります。このデータがないと企業活動ができませんし、決算処理もできないことでしょう。

じゃあ、IT 基盤や数理モデルの精度が重要なのかとなりますが、そうでもありません。

例えば……

- データが十分に蓄積され
- IT 基盤がそれなりに整備され
- 数理モデルの精度もまずまず

　……なのに、なぜかうまくいかない！　ということは少なくありません。

　私が20代の頃、50代のベテランデータ分析者から勧められたのが古代中国の兵法書『孫子』です。データ分析をする上での要諦が書かれているというのです。

「戦わずして勝つ」という教えが印象深い『孫子』ですが、戦うことが避けられないのであれば、「強者を避け弱者を取り込み対抗する力をつける」「強者に対し弱点を集中的に攻める」などがポイントになります。

　もう少し時代を現代に近づけると、20世紀前半にランチェスターやクープマンなどがデータと絡めた議論を展開しています。このあたりは、ランチェスター戦略として馴染みのあるビジネスパーソンも多いことでしょう。超要約すると、「強者と面と向かった戦闘を避け、強者の戦力を分断させ局地戦に持ち込み、そこに戦力を集中させ各個撃破する」といった感じです。

　物騒な話になりましたが、この考え方は、「データを活用し、利益を生み出し続ける」ことにも応用できます。ここでの「戦い」は「データ分析・活用（データサイエンス実践）」になります。重要なのは、次の3つです。

- 戦いの場の選択
- 戦力の集中と各個撃破
- その戦場をよく知ること

　言い換えると、次のようになります。

- データ活用する現場の「お困りごと」（問題）を適切に捉え、小さなテーマに分解し、取り組むテーマを設定する
- この「お困りごと」（問題）を解決するために、個々の小さなテーマを戦

略的に実践する

● 現場状況と、そこでどうデータ活用するのかをよく理解する

　うまくいっていないケースの多くが、テーマ設定に問題があります。「戦いの場の選択」に問題があるということです。なんとなくテーマを決めていたり、エライ人から思いつきのようなテーマが降ってきたり、声の大きな人の意見を採用したりと滅茶苦茶です。

　筋のいいテーマを設定したかどうかは運しだいになっています。多くの場合、勝ち目のないテーマを選んで右往左往しているのです。

　仮に、幸運にもデータから有意義な情報（集計結果や予測結果など）を導き出しても、当の現場は「提供された情報をどう活用し成果を生み出せばいいのかわからない」といった残念なケースも多いです。現場のことをよく知らないがために起こる、度々目にする悲劇です。

　繰り返しになりますが、**「戦いの場の選択」「戦力の集中と各個撃破」、そして「その戦場をよく知ること」が重要**です。

　このことを意識して適切にテーマ設定し、アナリティクス（データ分析や数理モデル構築など）を設計さえすれば、データ活用でうまくいく可能性はぐんと高くなります。少なくとも現場で活用されないアナリティクスは避けられます。

　本書では、そのやり方と考え方を紹介しています。

　**データで利益を生むためのそもそも論**から始めます。営業＆マーケティングの活用事例や、データ分析・活用の３ステップ（テーマ設定→アナリティクス→ビジネス活用）などを紹介しながら話を進めます。

　その後、**筋のいい「テーマ」の見つけ方や「アナリティクス」の進め方**についてお話しします。その中で、テンプレートを使い、テーマ設定とアナリティクスの設計図の構築方法を、ステップ by ステップで丁寧に説明していきます。このテーマ設定と設計図の構築が、データ分析・活用の成否を分ける鍵となる部分だからです。

　最後に、**データドリブン化を組織的かつ戦略的に実現するための方法論**に

ついて説明します。データ分析・活用の多くは、打ち上げ花火のようなドカンと一発大きな成果が出て終了というよりも、小さな成果を継続的に積み上げることで、最終的に大きな成果にするケースが多いです。そのための方法論です。

　事例などは営業やマーケティングが中心になっていますが、営業やマーケティング以外でも活用できます。例えば、経営企画や生産、調達、開発、人事などです。


　データを活用し利益を生み出せていないと感じている方は、この本を片手にテンプレートの使い方をマスターしていただき、テーマ設定や設計図の構築を実際に実施し、成果を出していただければと思います。


データネクロマンサー　高橋威知郎

第 **1** 章

# 利益を生み出す
# 「データドリブンセールス」とは?

第 **2** 章
# データ活用のうまくいく企業、うまくいかない企業

# <sub>第</sub> **3** <sub>章</sub>
# 筋のいい「テーマ」の見つけ方

第 **4** 章
# ビジネス成果につながる 「アナリティクス」の進め方

カバーデザイン　ニクスインク

本文デザイン・図表製作・DTP　荒井雅美(トモエキコウ)

図表製作　内田剛

Data
driven
sales

∨

第 **1** 章

# 利益を生み出す「データドリブンセールス」とは?

# 1 » 販売力を高めるデータ分析の技術

## » あなたはラッキーかもしれない

　ビジネス系のデータ分析・活用（データサイエンス実践）を **「ビジネスアナリティクス」** という用語で表現したりします。このビジネスアナリティクスは、ざっくりと **「商品力を高めるアナリティクス」** と **「販売力を高めるアナリティクス」** に分かれます。

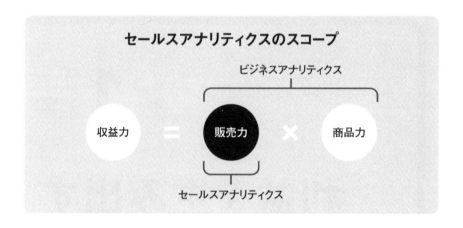

**セールスアナリティクスのスコープ**

ビジネスアナリティクス

収益力 ＝ 販売力 ✕ 商品力

セールスアナリティクス

　この「販売力を高めるアナリティクス」を **「セールスアナリティクス」** といいます。データを使い、既にある商品やサービスを、効率的に収益を上げるデータ分析・活用です。

　もし、あなたが「販売力を高めるデータ分析をしたい」というのであれば、ラッキーです。多くの企業に必ずあるデータの1つが、販売系のデータです。販売系のデータとは、売上データや取引データ、購買履歴データなどのことです。注文書や請求書なども含まれます。会計処理をする上で、この

手のデータは必ず必要になります。このような販売系のデータは、何らかの形で必ず存在するはずです。

　そのため、販売系のデータを使ったデータ分析・活用は、やろうと思えば明日からできるはずです。

## ≫ データを使い「収益の維持・拡大」を実現する

　ビジネスをする上で、「収益の維持・拡大」は非常に重要なことです。そのため、「顧客数の維持・拡大」と各顧客の「LTV（ライフタイムバリュー＝顧客生涯価値）の維持・拡大」を実現する必要があります。どちらか一方が伸び悩んでも、もう一方が拡大すれば収益は増えます。理想は、両方の拡大です。端的にいうと、収益性が高く付き合いの長いロイヤルカスタマーを増やすということです。

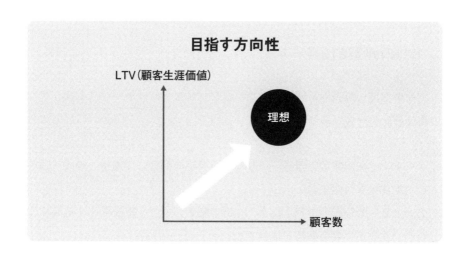

　ちなみに、LTVとは、1顧客から得られる長期的な利益を指すもので、例えば年単位で考えた利益ベースのLTVでしたら「平均年間取引額×利益率×平均継続年数」や「平均年間取引額×利益率÷離反率」、売上ベースのLTVでしたら「平均年間取引額×平均継続年数」や「平均年間取引額÷離反率」などで計算できます。計算方法は色々あります。実ビジネスに沿った

計算方法を選びましょう。

　セールスアナリティクスの目的は、データを使い販売力を効率的に高めることで、「収益の維持・拡大」を実現することです。言い換えると、「顧客数の維持・拡大」と「LTVの維持・拡大」を、データを使い効率的に実現することです。

　では、「顧客数の維持・拡大」と「LTVの維持・拡大」の両方もしくは片方を実現するためには、何が必要でしょうか。

「顧客数の維持・拡大」を実現するためには、例えば「新規顧客の獲得」と「既存顧客の離反阻止」が必要になります。要するに、離反を減らし、新規を増やすということです。

「LTVの維持・拡大」を実現するためには、例えば「既存顧客の離反阻止」と「既存顧客の取引額拡大」が必要になります。要するに、離反を減らし取引期間を長くしつつ、年間の取引額を増やすということです。

## 》 3つの典型的なテーマ

　データを使い販売力を効率的に高めるセールスアナリティクスには、3つの典型的なテーマがあります。

- テーマ1　新規顧客の獲得……リード（見込み顧客）の獲得・育成・顧客化（受注）を目指す。
- テーマ2　既存顧客の離反阻止……既存顧客に対し、継続受注や他商材の新規受注などで取引継続を目指す。
- テーマ3　既存顧客の取引額拡大……既存顧客に対し、他商材の新規受注や他部署展開などで取引額の拡大を目指す。

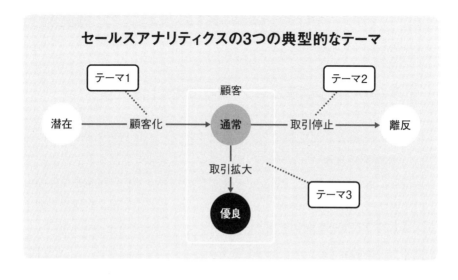

## セールスアナリティクスの3つの典型的なテーマ

　少なくとも、法人相手にビジネスをしている企業（B to B）や、ECや通販などの一般消費者を相手にしている企業、エステや英会話スクール、塾、病院、歯科医院などは、「誰が、いつ、何を、いくらで」といったデータは、何かしらの形で残っていることでしょう。データを破棄していない限りは、残っていると思います。このような場合には、3つの典型的なテーマに取り組むことができます。

　ここであえて3つを区別せずに、「売上」や「利益」「コスト」という感じで合算して数字を分析することもあります。3つの典型的なテーマに取り組む前に、売上はどうなっているのかを把握したり、想定した利益を得たりするのかをモニタリングしたりするなど、全体を把握するためです。

　そもそも事業形態やデータの取得の仕方によっては、区別せずというか、3つを区別することができない場合もあります。例えば、街のパン屋さんの販売データからわかるのは「パンの種類ごとの売上」までで、「どのパンが新規顧客に売れ」「どのパンが既存顧客に売れたのか」といった顧客ごとの売上はわからないかもしれません。街のパン屋さんに限らず、店舗ビジネスの場合は同様でしょう。

　そういう意味では、典型的なテーマは3つ（新規顧客の獲得・既存顧客の離反阻止・既存顧客の取引額拡大）ではなく4つ（新規顧客や既存顧客など

と顧客を分けずに、全体の売上などの分析もテーマの1つとして加える）と
いえるかもしれません。

## 》 重要なのはITシステムやツールではなく「方法論」

　正直、セールスアナリティクスを実現するツールは何でも構いません。
CRM（顧客関係管理）システムやBI（ビジネスインテリジェンス）ツール
を活用してもいいですし、PythonやRなどの無料の分析ツールを使うのも
いいでしょう。普段使い慣れたExcelやAccessなどのマイクロソフトのオ
フィス系のソフトでも構いません。

　重要なのはDX（デジタルトランスフォーメーション）やAI（人工知能）
などの流行りに乗りITシステムやツールを導入することではなく、データ
分析・活用で成果を出すことです。そのためには、どうITシステムを導入
するかという「方法論」よりも、どう成果を出すのかという「方法論」がポ
イントになってきます。「どのようなデータを、どのように料理し、どのよ
うに活用するのか」という「方法論」です。

　先ほどもいいましたが、多くの企業にあるデータの1つが、販売系のデー
タです。必ずあるはずです。

　今あるデータで「ああだ、こうだ」と悩みながら、今すぐに分析を進めて
いくことをおすすめします。何かしら分析してみると、何かしら見えてきま
す。例えば、「他にどのようなデータが必要であるか？」とか、「普段どのよ
うにデータを整備しておいたほうがよさそうか？」とか、色々なアイデアが
出てくるかと思います。さらに、販売力強化に使えそうなアイデアも、湧き
出てくることでしょう。

# 2 » 最近多い データ活用事例8選

## » 紹介する8つの活用事例とは?

　先ほど述べたように、販売系のデータは何らかの形で必ず存在する可能性が高いため、販売系のデータを使ったデータ分析・活用であるセールスアナリティクスは、やろうと思えば明日からできる場合が多いです。

　では具体的に、どのようなデータ分析・活用が実施されているのか気になることでしょう。それこそ多種多様です。その中で、最近多いケーススタディを8つ紹介します。多くは、以前から実施されてきたものです。

- データ活用事例1　リード（見込み顧客）の選別
- データ活用事例2　広告・販促の最適投資配分
- データ活用事例3　おすすめ商材のレコメンド（クロスセル、アップセルなど）
- データ活用事例4　出世魚分析（隠れた宝石探し）
- データ活用事例5　チャーン分析（離反顧客分析）
- データ活用事例6　モニタリング指標の異常検知
- データ活用事例7　需要予測
- データ活用事例8　発注最適化

### データ活用事例❶ » リード（見込み顧客）の選別

　法人向けにビジネスをしている企業でここ最近多いと感じるのが、データを使った「リード（見込み顧客）の選別」です。もちろん、以前から実施している企業もあることでしょう。一般消費者向けにビジネスをしている企業

でも、同様のことを実施している企業もあることでしょう。

「リード（見込み客）の選別」が増えたのは、企業情報をデータとして入手しやすくなったという事情もあると思います。企業情報といっても、業種・業態・資本金・売上などの昔からある企業の属性情報や財務情報だけでなく、その企業の現状や方針などの定性的な情報も含まれます。その企業がプレスリリースなどの形でWeb上に、その企業の現状や方針などの情報がアップするからです。

　もちろん、ニュースとして取り上げられ、Web上の記事として掲載される情報も非常に有効です。このあたりは、自然言語処理と呼ばれるデータ分析技術でどうにかなります。さらに、SWOT分析など人的に作られた情報を活用することもあります。リードが自社開催セミナーに参加した際や、初回訪問時に簡単なアンケートやインタビューを実施し、独自のデータを収集し活用することもあります。要するに、**使える情報が増えた**のです。

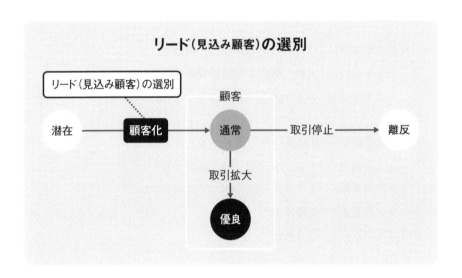

この「リード（見込み顧客）の選別」は、3つの典型的なテーマの中の「新規顧客の獲得」のデータ分析・活用に該当します。もちろん、一般消費者向けにビジネスを実施している企業でも、同様のデータ分析・活用を実施できるケースもあることでしょう。

「リード（見込み顧客）の選別」では、既存顧客のデータを用いてリードに優先順位付けを実施します。一番シンプルなやり方が**マッチング**というデータサイエンス技術を使い、各リードに対し既存顧客と似ている度合い（類似度）を計算し優先順位をつける方法です。

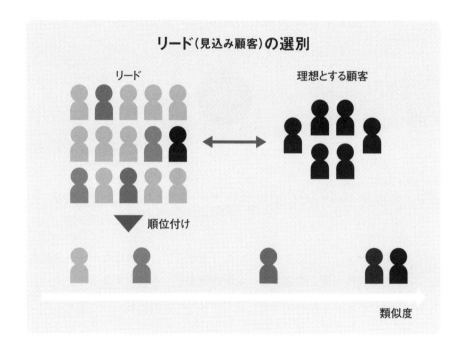

リード（見込み顧客）の選別

リード　　　　　　　　　　　理想とする顧客

▼ 順位付け

類似度

各リードに対し既存顧客と似ている度合い（類似度）を計算するときに重要になるのが、**「どの『既存顧客』と似ているリード（見込み顧客）を選ぶのか？」**ということです。例えば、契約年数の長い「既存顧客」に似ているリードを選びたい、取引金額の大きい「既存顧客」に似ているリードを選びたい、などです。

要するに、契約後になってもらいたい理想の「顧客像」を、まずは明確に決める必要があります。場合によっては、その「顧客像」を明確に定義するためのデータ分析が必要になります。

さらに、既存顧客と似ている度合いだけでなく、「受注のしやすさ」（受注

確率）や受注した場合の「受注金額」などを合わせて計算するケースが多いです。既存顧客と似ているからといって、受注しやすいわけではありません。リードの中には、既存顧客と似ているのに、受注しにくい場合もあります。

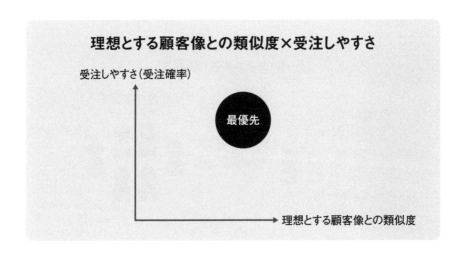

利用するデータは、特別なものではありません。一番簡単なのが、**公開されている企業属性（例：業種業態、企業規模など）を利用する**方法です。他にも、公開されている有価証券報告書やプレスリリースなどのテキストデータを活用したりします。先ほど説明したように、マーケティングや営業活動時に取得したデータも使えます。イベント参加や資料請求時に実施するアンケートデータやヒアリングデータなどです。名刺の交換枚数なども使えます。

「リード（見込み顧客）の選別」は、今あるデータだけでも進められるため、「今すぐできるデータ分析・活用」のひとつです。

また、店舗系のビジネスを展開している場合には、「新規出店の選別」もこのデータ分析・活用に近いでしょう。

例えば、地理情報と既存店舗のデータをもとに、売上などを予測したり投資回収評価をしたりし、新規出店の判断に活用します。

## データ活用事例❷ >> 広告・販促の最適投資配分

**「広告・販促の最適投資配分」**は、昔からあるデータ分析・活用のひとつです。従来からあるオフライン系（テレビCMや新聞広告、折込チラシなど）と、ここ20年増えたオンライン系（インターネット広告など）がミックスされた状態になっています。法人向けにビジネスをしている企業の場合、そこにイベントが追加されるケースが多いです。イベントも、他社開催のカンファレンスから自社開催のハンズオンセミナーもあれば、オンラインのウェビナーなどもあります。

この「広告・販促の最適投資配分」は、3つの典型的なテーマすべてに該当します。実際に、「新規顧客の獲得のための広告・販促の最適投資配分」と「既存顧客の離反阻止のための広告・販促の最適投資配分」、「既存顧客の取引額拡大のための広告・販促の最適投資配分」は異なります。

その中で、今も昔も多いのが「新規顧客の獲得」のデータ分析・活用です。新規顧客の獲得を目的とした「広告・販促の最適投資配分」は、先ほど説明した「リード（見込み顧客）の選別」と密接に絡み合うケースが多いです。

「広告・販促の最適投資配分」で用いるデータ分析手法は、昔からある**数理計画法**という最適化のための手法を使います。数理統計学や機械学習などとは一線を画するデータサイエンス技術です。

オペレーションズ・リサーチや経営工学などの分野で研究が盛んです。そのため、馴染みのない方も多いかもしれませんが、非常に有効な手法のため、覚えておいて損はないでしょう。

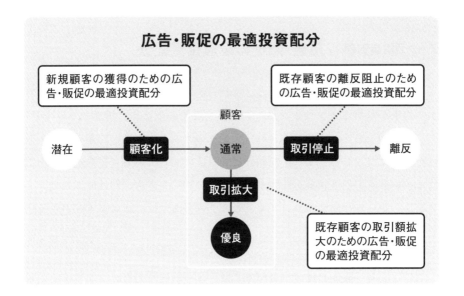

広告・販促の最適投資配分

「広告・販促の最適投資配分」の典型的なアウトプットは、下図のように予算配分の割合とROI（Return On Investment）の変化を示すものです。効果検証目的で利用するのか、プランニング目的で利用するのかで、見せ方が異なってきます。例えば、新規顧客獲得のためであれば、ROIの代わりに契約件数のほうがストレートでいいかもしれません。さらに、投資コスト一定のもとで契約件数最大化を目指すのか、契約件数一定のもとで投資コスト

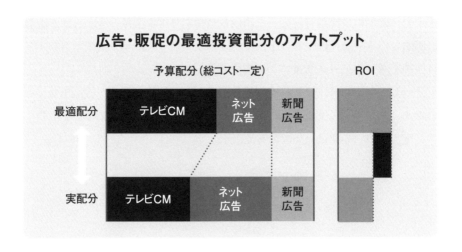

広告・販促の最適投資配分のアウトプット

最小化を目指すのかで、解が異なってきます。目的に応じて選択する必要があります。

さらに、「広告・販促の最適投資配分」は、**時系列性を考慮して構築する**のが一般的です。理由は、広告・販促には遅延効果（タイムラグ）や累積効果などがあるからです。

そのため、遅延効果や累積効果などを考慮した数理モデルを構築する必要があります。どの程度の遅延効果や累積効果があるのかは、数理モデルを構築する前の基礎分析などが鍵を握ります。例えば、テレビCMは2週間までの遅延効果を考慮する必要がある、新聞の折込チラシは1週間以上の遅延効果は見られない、などです。

「広告・販促の最適投資配分」で利用するデータは、投資コストのデータや広告の露出データ、インターネット系のデータ、イベント系のデータ、受注データなど多岐にわたります。最低限、投資コストと売上に関するデータは必要になります。必ずどこかにあるデータです。関係部署や協力会社などと協力してデータを集め整備する必要があるため、多少手間になります。

そのため、日ごろからある程度データ整備されていれば、「広告・販促の最適投資配分」というデータ分析・活用は比較的実施しやすいです。そうでない場合には、データ整備のための時間的なコストがそれになりに必要になります。

また、店舗系のビジネスを展開している場合には、既存店のキャンペーンや販促活動の最適化のためのデータ分析・活用がこれに該当するでしょう。

例えば、地理情報と組み合わせることで、キャンペーンの種類に応じて、利きやすいエリア（もしくは店舗）、利きにくいエリア（もしくは店舗）などを知ることができ、きめ細やかなキャンペーンや販促活動に利用できます。

### データ活用事例❸ ≫ おすすめ商材のレコメンド（クロスセル、アップセルなど）

ECサイトでお馴染みの**おすすめ商材のレコメンド（クロスセル、アップ**

セルなど）が、法人向けにビジネスをしている企業で最近活用され始めています。3つの典型的なテーマの中の「既存顧客の取引額拡大」のデータ分析・活用に該当します。

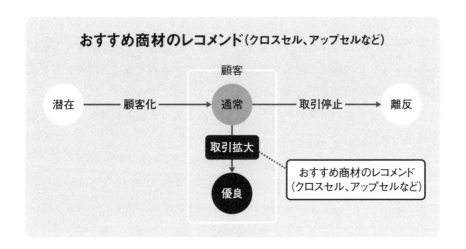

このデータ分析・活用は、商材が複数あることが条件となります。複数の商材があるとは、メインとなる商材が複数あるというだけでなく、メイン商材が1つでたくさんのオプション商材（メイン商材に付随するサービスなど）がある、という形でも構いません。

「おすすめ商材のレコメンド（クロスセル、アップセルなど）」で有名なデータサイエンス技術は、協調フィルタリングという手法です。推薦スコアが出力され、このスコアが相対的に高いものをレコメンドします。例えば、上位5つの商材をレコメンドするなどです。後ほど、他の手法とともに簡単に紹介します。

このように、協調フィルタリングなどでレコメンドされる商材は相対的なものです。「他に比べて、この商材はおすすめ」という感じで、「受注のしやすさ」（受注確率）が高い保証はありません。そのため、**「受注のしやすさ」や「受注金額」**などを合わせて計算するケースが多いです。さらに、「受注のしやすさ」は時期やタイミングで変動します。

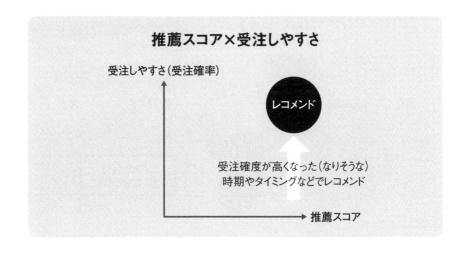

「おすすめ商材のレコメンド（クロスセル、アップセルなど）」は、購買履歴データだけでも実施できるため、「今すぐできるデータ分析・活用」のひとつです。

　この手のデータ分析・活用は、EC サイトやメディアサイトなどで昔から実施されています。EC サイトであれば、商品そのものをレコメンドします。メディアサイトであれば、他の記事をレコメンドします。また、店舗系のビジネスを展開している場合には、会計時にレシートなどに割引クーポンという形で活用されているケースが多いです。

### データ活用事例❹ 》 出世魚分析（隠れた宝石探し）

　既存顧客を何かしら分類することが多いと思います。例えば、ランク A（大口顧客）・ランク B（中口顧客）・ランク C（小口顧客）などです。下位ランクの中から上位ランクになりそうな既存顧客を探し対応するのが**「出世魚分析（隠れた宝石探し）」**です。3 つの典型的なテーマの中の「既存顧客の取引額拡大」のデータ分析・活用に該当します。

「出世魚分析（隠れた宝石探し）」では、既存顧客のポテンシャルを見積も

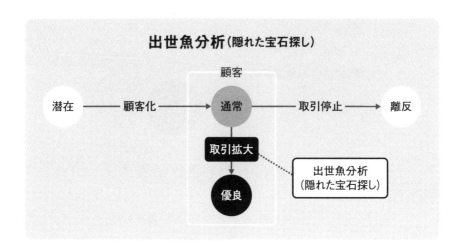

るることになります。この場合のポテンシャルには、2通りの意味合いがあります。1つは、「上位ランクになる可能性（確率）」という意味でのポテンシャルです。もう1つは、LTVや取引高などの「収益を生む可能性（金額）」という意味でのポテンシャルです。

「出世魚分析（隠れた宝石探し）」は、「新規顧客の獲得」のための「リード（見込み顧客）の選別」に似ています。

「リード（見込み顧客）の選別」の場合は、各リードに対し既存顧客と似て

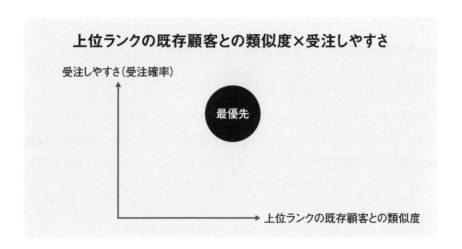

いる度合いを計算し、優先順位付けを実施します。「マッチング」という手法を用いることが多いです。さらに、既存顧客と似ている度合いだけでなく、「受注のしやすさ」（受注確率）や受注した場合の「受注金額」などを合わせて計算するケースが多いです。

　一方、「出世魚分析（隠れた宝石探し）」の場合は、各「下位ランクの既存顧客」に対し、「上位ランクの既存顧客」と似ている度合いを計算し、優先順位付けを実施します。同様に、「マッチング」の手法を用いることが多いです。

　さらに、上位ランクの既存顧客と似ている度合いだけでなく、「ランクアップのしやすさ」（ランクアップ確率）や将来の「LTV（顧客生涯価値）」や「取引高」などを合わせて計算するケースも多いです。

　このように「リード（見込み顧客）の選別」と「出世魚分析（隠れた宝石探し）」は、利用する手法が似ています。違いはデータにあります。

「リード（見込み顧客）の選別」と「出世魚分析（隠れた宝石探し）」では、利用できるデータの種類と量が異なります。「出世魚分析（隠れた宝石探し）」の場合、「下位ランクの既存顧客」も「上位ランクの既存顧客」も既存顧客のため、利用できるデータの種類と量が、「リード（見込み顧客）の選別」よりも増えます。

「出世魚分析（隠れた宝石探し）」では、「上位ランクの既存顧客」が「下位ランクの既存顧客」であったときのデータを活用します。例えば、どのような商材をいくらで取引していたのか、どのようなアクション（例：頻繁に問い合わせがあった、担当役員に紹介された、名刺交換数が多かった、担当者が非常に積極的に動いてくれた、など）があったのか、などです。

　このデータ分析・活用は基本的に、ありもののデータで進めますが、当時の状況に関し足りないデータは、可能であれば当時の担当者にヒアリングをするなど、新たに生成するといいでしょう。今後、どのようなデータを記録し残すべきかのヒントになります。

「既存顧客の取引額拡大」のデータ分析・活用ということで、先ほど紹介し

た「おすすめ商材のレコメンド（クロスセル、アップセルなど）」と合わせて実施することも多いです。

　また、店舗系のビジネスを展開している場合には、既存店の収益ポテンシャルを測り活用するデータ分析・活用に該当することでしょう。

　例えば、店舗条件（例：エリア特性、店舗要件など）の似ている上位店舗の売上などから収益ポテンシャルを計測し、そのために何が足りないのかなどを分析し、足りない要素をレコメンド（例：店舗QSCや従業員ES、店舗設備、プロモーション時の動き方など）するなど、本来の力を発揮できていない店舗を見つけ対応することができます。

## データ活用事例❺ ≫ チャーン分析（離反顧客分析）

　今も昔も頻繁に実施されるデータ分析・活用に、**「チャーン分析（離反顧客分析）」**というものがあります。携帯電話のキャリアの業界で、国内外問わず昔から積極的に実施されています。

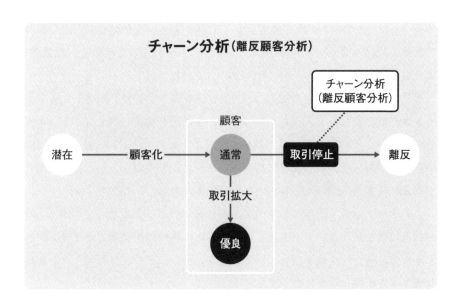

チャーン分析（離反顧客分析）

3つの典型的なテーマの中の「既存顧客の離反阻止」のデータ分析・活用に該当します。

　似たようなデータ分析・活用は多々あります。例えば、製造業などで実施しているプレディクティブ・メンテナンス（予知保全）などです。プレディクティブ・メンテナンスは、製品につけたセンサーのデータを活用し、障害を発生前に予知し対処するデータ分析・活用です。
「チャーン分析（離反顧客分析）」も同様に、既存顧客の離反を予知し対処するデータ分析・活用です。

「チャーン分析（離反顧客分析）」では、通常はチャーンスコア（離反スコア、離反確率など）を計算することが多いです。チャーンスコアが高くなると離反する可能性があるということで、何かしらの対策が打たれます。
　このデータ分析・活用で最初に問題になってくるのが、**「離反」の定義**です。初めて「チャーン分析（離反顧客分析）」を実施する場合、離反が定義されていないケースが多々あります。
　離反の定義とは、例えば「継続契約の申し込みがなかった顧客を離反とする」「取引量が0の期間が半年になった顧客を離反とする」「取引量が0の期間が3カ月になったら休眠顧客とし、さらに、こちらからのアプローチに対し1カ月間反応のない休眠顧客を離反とする」などです。
　何をもって離反とみなすのかといった、「離反」の定義を決めるためのデータ分析から始めるケースがあります。

　ちなみに、予測する離反ポイントは、離反の「開始時点」です。離反の「確定時点」ではありません。例えば、「取引量が0の期間が半年になった顧客を離反とする」と離反を定義したとき、2019年6月から2019年12月の間に取引量が0の顧客が離反した時点は「2019年6月」が離反の「開始時点」です。「2019年12月」は離反の「確定時点」です。予測する離反ポイントは、顧客が離反した「開始時点」である「2019年6月」です。
　もうひとつ、「チャーン分析（離反顧客分析）」を実施する場合に考えてお

くべきことがあります。それは、**離反を予測するタイミング**です。離反の何カ月前に予測すべきか、ということです。

　例えば、「明日中に、離反しそうですよ」と言われても、現場は対応できないかもしれません。「1カ月から2カ月後に、離反しそうですよ」であれば、現場は対応できるかもしれません。そのため現場の動き方によって、離反を予測するタイミングは変わってきます。

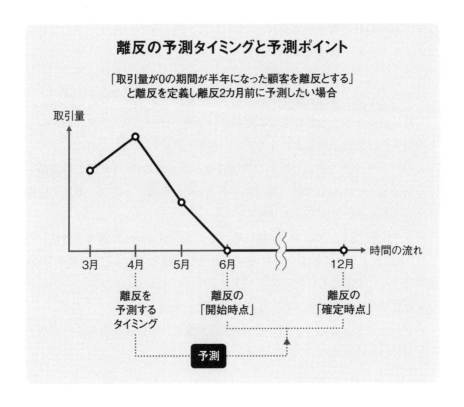

**離反の予測タイミングと予測ポイント**

「取引量が0の期間が半年になった顧客を離反とする」
と離反を定義し離反2カ月前に予測したい場合

さらに、チャーンスコアを求めるだけでなく、離反の要因を分析し提示したり、要因を提示するだけでなくアクション（対応策）をレコメンドしたりすることもあります。「チャーン分析（離反顧客分析）」といっても、どのようなデータを取得できているかによって、できることが変わってきます。共通しているのは、チャーンスコアを求めるということです。

## データ活用事例❻ ≫ モニタリング指標の異常検知

　データの状況によっては、どれが新規顧客に関するデータなのか、どれが既存顧客に関するデータなのか、分けるのが非常に難しい場合もあります。例えば、小売店のPOSデータの売上データなどです。誰が購入したのかまでは追えない場合が多いので、「新規顧客の獲得」「既存顧客の離反阻止」「既存顧客の取引額拡大」といったデータ分析・活用のテーマとして扱うことは難しいでしょう。

　このような場合には、新規顧客や既存顧客などと区別せず合算した数字で分析するしかありません。区別せず「売上」や「利益」「コスト」という感じで合算して数字を分析していきます。例えば、「昨年と今年の売上を比較する」「日々モニタリングしている売上に異常がないか監視する」「先月のキャンペーンに効果があったのかを評価する」「売上に異常が起こりそうかを予知する」などです。

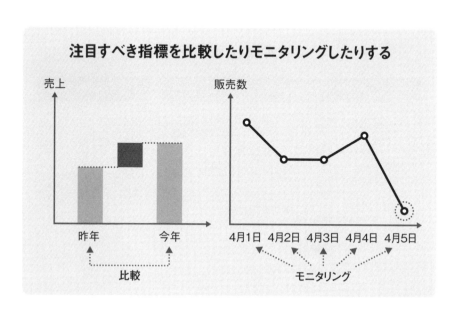

注目すべき指標を比較したりモニタリングしたりする

データを新規顧客や既存顧客などに分けられる場合でも、このように「注目すべき指標」（例：売上やコスト、利益、客数、客単価など）を、年度・半期・四半期・月などの単位で評価したり、日々モニタリングし監視したりすることはあると思います。

　このようなデータ分析・活用を**「モニタリング指標の異常検知」**といいます。このデータ分析・活用の特徴は、「注目すべき指標」のデータだけでも実施できるため、すぐにでも始められるという点です。

　データを新規顧客や既存顧客などに分けられる場合には、合算して数字を分析しても構いませんし、合算した数字を分析した後に新規顧客と既存顧客に分けて「注目すべき指標」を分析しもいいでしょう。

　他にも、店舗別やエリア特性、国別、商品別に「注目すべき指標」を分けて分析してもいいでしょう。

　このとき、「注目すべき指標」に「影響を与える要因」に関するデータもあれば、より精緻なデータ分析・活用になります。

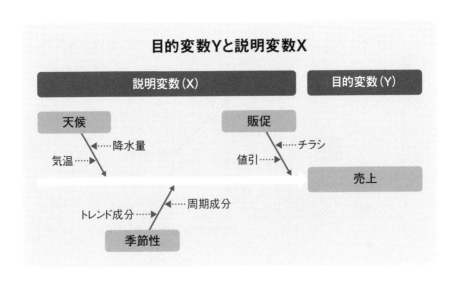

　ちなみに、「注目すべき指標」を「目的変数Y」、「注目すべき指標に影響を与える要因」を「説明変数X」という表現することもあります。

「注目すべき指標」である「目的変数Y」が異常かどうかを評価するとき、通常は「目的変数Y」を予測し、その予測値と実測値に顕著な乖離がある場合に、異常と判断をします。構築する数理モデル（予測モデル）は「今までを表現したもの」（数理モデルを使い今までを再現したもの）です。この場合の「予測値」は「今までであればどうなるのか」という値です。今までと異なることが起こると、予測値と実測値が乖離します。「今までとは異なる何かが起こった」ということで、「異常が起こった」とはいわずに「イノベーションが起こった」という表現をすることがあります。

　そのため、「モニタリング指標の異常検知」というデータ分析・活用では、「目的変数Y」を予測するための数理モデル（予測モデル）を構築することになります。

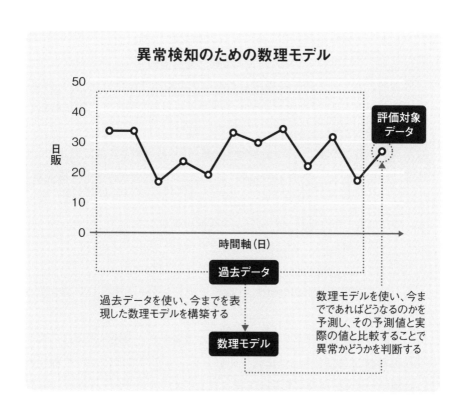

異常検知のための数理モデル

過去データを使い、今までを表現した数理モデルを構築する

数理モデルを使い、今までであればどうなるのかを予測し、その予測値と実際の値と比較することで異常かどうかを判断する

## データ活用事例❼ ≫ 需要予測

　先ほど、「モニタリング指標の異常検知」というデータ分析・活用の中で、「目的変数Ｙ」を予測するための「数理モデル」を構築するというお話をしました。

　異常検知で使うかどうかに関係なく、ダイレクトに「需要予測」目的で、売上や受注件数、購買量などを予測するための数理モデルを構築することも多いです。もちろん、予測対象は「注目すべき指標」である「目的変数Ｙ」です。

　「需要予測」目的の数理モデルは、「モニタリング指標の異常検知」の数理モデルとは若干異なるかもしれません。大きな違いは、「モニタリング指標の異常検知」の数理モデルは **「今までを表現したもの」** である必要があります。今までと異なるものを「異常」とみなすためです。一方、「需要予測」目的の数理モデルは、「未知の未来を予測できるもの」である必要があります。

　ちなみに「需要予測」も、「新規顧客の獲得」「既存顧客の離反阻止」「既存顧客の取引額拡大」の３つを区別せず「売上」や「受注件数」、「販売量」という感じで合算して数字を分析し活用することも少なくありません。もちろん、新規顧客と既存顧客などに分けても構いません。

　この「需要予測」は、今も昔も多いデータ分析・活用のひとつです。

　ここで議論を簡単にするために、「需要予測」を売上予測として話を進めます。

　売上を左右する要因はたくさんあります。カレンダー要因（季節性や曜日など）もあれば、どのような広告・販促を行なったのかというのもあります。店舗であれば、エリア特性や天候なども考えられます。

　このような売上を左右する要因を「説明変数Ｘ」とし、売上を「目的変数Ｙ」とし数理モデルを構築することで、売上を左右する要因がどうなると売

上がどう変わるのか、シミュレーションできるようになります。

「モニタリング指標の異常検知」でも説明した通り、「目的変数Y」（例：売上）のデータ以外に、「目的変数Y」に影響を与える要因に関するデータである「説明変数X」（例：カレンダー情報、広告・販促、エリア特性、天候など）が豊富にあれば、より精緻な数理モデルを構築することができます。

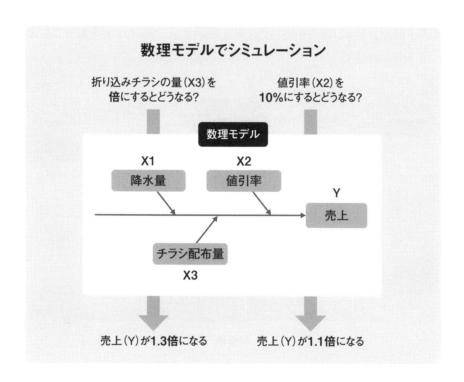

実は、「目的変数Y」のデータだけで、数理モデルは構築できます。そう考えると「説明変数X」のデータがないから数理モデルが構築できない、ということはありません。

## データ活用事例❽ ≫ 発注最適化

単に需要を予測するだけでもいいですが、需要予測とセットで実施されることが多いのが、発注や調達などのためのデータ分析・活用です。**「発注最**

適化」と呼ばれるデータ分析・活用です。

　ちなみに、「発注最適化」も「新規顧客の獲得」「既存顧客の離反阻止」「既存顧客の取引額拡大」の３つを区別せず「売上」や「受注件数」、「販売量」という感じで合算して数字を分析し活用することのできる、今も昔も多いデータ分析・活用のひとつです。

　昔から「新聞売り子問題」と呼ばれ、色々と議論されてきました。「新聞売り子問題」とは、機会損失と売れ残りを考慮し、売上や利益を最大化しようとするものです。

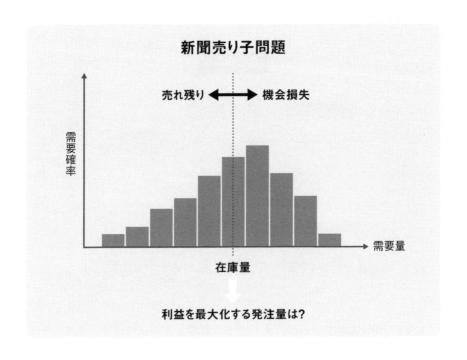

　このデータ分析・活用で利用する「需要予測」は、予測した「特定の値」（例：100個売れる）ではなく「分布」になります。例えば、「分布」とは「ヨコ軸が需要量」で「タテ軸が需要確率」などで表現されます。この「分布」の最も簡単な作り方は、過去のデータを集計しヒストグラムと呼ばれる集計もしくはグラフを求めることです。

「目的変数Ｙ」（例：売上）を予測するための数理モデルの中には、「特定の

値」（例：100個売れる）を予測するものと、「分布」を予測するものがあります。「分布」を予測する数理モデルのほうが使い勝手はいいです。「分布」を予測できれば、「特定の値」（例：100個売れる）を予測することができるからです。ちなみに、逆は無理です。

　ここでは詳しくは触れませんでしたが、実際は期首在庫量や廃棄期限などを考慮します。店舗系ですと、棚割りなども考慮するケースが増えています。

　この「発注最適化」も、「目的変数Y」に影響を与える要因に関するデータである「説明変数X」が豊富にあれば、より精緻な数理モデルを構築することができます。

# 3 » 実現すべきは「データを 用いた継続的改善」

## » データ分析・活用の3ステップ

　ここまで述べたように、今あるデータをうまく活用し販売力を高めることで、ビジネスの収益力を強化することができます。思ったほど難しくはないと感じたかもしれません。ケーススタディをもとに、やってみたい何かを思い浮かべた方もいたかもしれません。

　ここで、データ分析・活用の流れを説明します。超シンプルに表現すると、次のような3ステップになります。

● ステップ1：テーマ設定
● ステップ2：アナリティクス（データ分析や数理モデル構築など）
● ステップ3：ビジネス活用

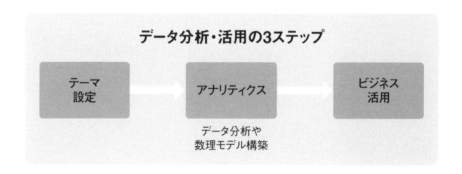

**データ分析・活用の3ステップ**

テーマ設定　→　アナリティクス　→　ビジネス活用

データ分析や
数理モデル構築

　テーマを決めて、データを集め整備し集計し分析し数理モデルなどを構築します。それを現場で活用する、といった感じです。

　各ステップは、さらに次のようなステップに分かれます。詳細は、後ほど

説明します。

## データ分析・活用の3ステップのやや詳細版

| ステップ1<br>テーマ設定 | ステップ1-1<br>ドメイン選定 | |
|---|---|---|
| | ステップ1-2　テーマ候補の洗い出し | |
| | ステップ1-3　フォーカステーマ選定 | |
| ステップ2<br>アナリティクス | ステップ2-1<br>設計図構築 | ステップ2-1-1　テーマ情報整理 |
| | | ステップ2-1-2　数理モデルの設計 |
| | | ステップ2-1-3　プロトタイプ開発計画の立案 |
| | ステップ2-2<br>データ準備 | ステップ2-2-1　データ収集 |
| | | ステップ2-2-2　データ整備 |
| | | ステップ2-2-3　データセット生成 |
| | ステップ2-3<br>モデル構築 | ステップ2-3-1　タイプ選定 |
| | | ステップ2-3-2　学習・評価 |
| | | ステップ2-3-3　アナリティクスフロー整理 |
| ステップ3<br>ビジネス活用 | ステップ3-1　アナログなテスト運用 | |
| | ステップ3-2　デジタル化 | |
| | ステップ3-3　AI化・ロボティクス化 | |

　ちなみに、ステップ2の「アナリティクス」はデータ分析や数理モデル構築などに限定した、狭義のアナリティクスです。広義のアナリティクスは、「分析ツールと分析手法を駆使し問題を解決するまでを含んだデータ分析・活用」ですので、ステップ1から3まで含みます。以後、混乱を避けるため狭義の方を前提に話を進めます。

**データ分析・活用で重要なのは、続けること**です。

　もちろん、一度で十分な場合もありますが、続けたほうがいい場合が多いです。要するに、打ち上げ花火のような一発ドカンと何かをするのではな

く、地味に続けることで成果を積み重ねることが重要です。

## 》》データドリブンとは「データを用いた継続的改善」である

あなたは、**「データドリブン」**というキーワードを聞いて、何を思い浮かべるでしょうか？

「ドリブン」は「駆動」と訳されます。「駆動」とは、「動力を与えて動かすこと」です。その「動力」が「データ」である場合、「データドリブン」となります。つまり、「データドリブン」とは、**得られた「データ」をもとに次の「アクション」を起こすデータ分析・活用**です。そう考えると、分析ツールと分析手法を駆使し問題を解決する「広義のアナリティクス」と似たような概念になります。

では、「広義のアナリティクス」との違いは何でしょうか？

今、「データドリブン」とは「得られた『データ』をもとに次の『アクション』を起こすデータ分析・活用」であると述べました。得られた「データ」をもとに次の「アクション」を起こすと、新たな「データ」が発生します。この新たに得られた「データ」をもとに、次の「アクション」を起こします。さらに、新たな「データ」が発生します。このようなループが延々と続き、データ分析・活用に継続性が生まれます。

「広義のアナリティクス」の場合、継続してもいいし継続しなくても構いません。「広義のアナリティクス」は、分析ツールと分析手法を駆使し問題が解決さえすればいいのですから、場合によっては1回実施して終了する場合もあります。

「アナリティクス」の中で実施する、個々の分析行為を「アナリシス」と呼びます。アクションを起こすために、「アナリシス」で得られた個々の分析結果や予測結果などの様々な情報を統合するのが「シンセシス」です。「アナリシス」と「シンセシス」は、「アナリティクス」の両輪です。分析結果や予測結果などを出力した後に、次のアクションが生まれないとき、「シンセシス」に問題があるケースが多いです。

　要するに、「データドリブン」とは、「アナリティクスを実施して問題を解決し『続ける』こと」です。この「問題を解決し『続ける』こと」を１ワードで表現すると**「継続的改善」（コンティニュアンス・インプルーブメント）**になります。言い換えると、データドリブンとは「データを用いた継続的な改善」（データ・コンティニュアンス・インプルーブメント）を実現するデータ分析・活用なのです。

「継続的改善」とは、「昨日より今日」「今日より明日」といった継続的な改善活動です。「データを用いた継続的な改善」の場合には、データをうまく用いて「昨日より今日」「今日より明日」といった継続的な改善活動を実施する、ということです。

　データ活用の現場で実現すべきは、この「データを用いた継続的な改善」です。

　そして何よりも、データ分析・活用は本来、地味なものです。華やかさはありません。何かをうまく運ぶためのサポート役です。

　例えば、データ分析・活用の現場が、経営の現場であれば経営者をサポートし、営業の現場であれば営業パーソンをサポートし、マーケティングの現場であればマーケターをサポートし、生産の現場であれば工具や管理者をサポートし、マネジメントの現場であれば管理職をサポートし、企画の現場であれば企画担当者をサポートし、調達の現場であれば調達の担当者をサポートします。

## ≫ データを用いて改善し続ける例（ABテスト）

　データを用いた改善活動は、昔からなされています。古くは、日本の製造業の生産の現場などでSQC（統計的品質管理）活動ということで実施されてきました。マーケティングの現場などでも、消費者調査データやPOSデータ、広告系のデータなどを使い実施されてきました。データ活用の意識の高い企業や、資金的な余裕のある大手企業を中心に実施されていた印象があ

ります。

2000年あたりのインターネット化の波とともに、HP（ホームページ）などのWebサイトも増え、そこで発生するアクセスログデータなどを使い、データを用いた改善が手軽に実施できるようになりました。そこで、比較的簡単にできるデータを用いた改善活動があります。**ABテスト**と呼ばれるものです。SQC活動で実施される実験計画法や分散分析、マーケティング系で実施されるコンジョイント分析を簡単にしたようなものです。

ABテストは、Webサイト改善のためによく用いられる、データを用いた改善活動です。AパターンとBパターンという2つのパターンを準備し、どちらのほうがいいのかを評価します。

例えば、見込み顧客からの問い合わせを増やすためのWebサイトがあったとします。Webサイトの良し悪しは、「問い合わせ件数」という指標で評価することができます。このWebサイトの訪問者が問い合わせをする割合を**コンバージョンレート（転換率）**という指標で表現するとします。10,000人訪問し100人が問い合わせをしたら、コンバージョンレートは1％（=100/10,000）です。

今、このWebサイトのある部分の画像の案が2つあったとします。現在使っている画像Aと、新しく作った画像Bです。社内で議論しても、どちらにすべきか埒があきません。そこで、Webサイトの訪問者に評価してもらおうとなりました。

Webサイトの訪問者に評価してもらうといっても、「画像Aと画像Bのどちらがいいですか？」と聞くわけではありません。Webサイトの訪問者に対し、画像Aと画像BをランダムにWebサイトに出し、どちらのコンバージョンレートが高かったのかをデータから計算し評価するのです。このWebサイトの訪問者が10,000人の場合、5,000人には画像AのWebサイトを表示し、残りの5,000人には画像BのWebサイトを表示する、といった感じです。画像Aと画像Bのどちらの画像がいいのかは、コンバージョンレートを見れば一目瞭然です。

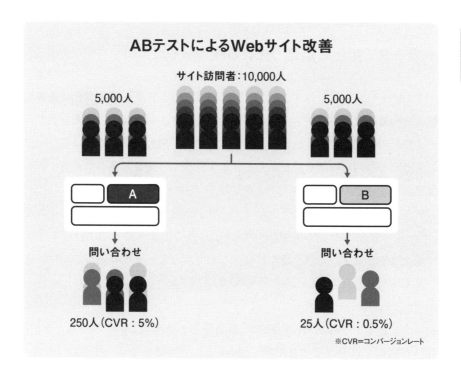

ABテストによるWebサイト改善

サイト訪問者：10,000人

5,000人　　　　　　　　　　　　　　　　　　5,000人

A　　　　　　　　　　　　　　　B

問い合わせ　　　　　　　　　　　　問い合わせ

250人（CVR：5%）　　　　　25人（CVR：0.5%）

※CVR＝コンバージョンレート

　データを用いた改善活動の特徴は、何かをする前に「ああだ、こうだ」と考えるくらいなら、実際に行動に移してデータを取得し、そのデータで物事を判断し改善しようというものです。

　このようなABテストも、1回実施して終わりのケースもありますが、継続的に実施し続けるケースもあります。刻々と状況が変わるからです。例えば、1カ月前と今月で評価結果が変化する可能性がありますし、時期や時間帯によって評価結果が変化する可能性もあります。画像Aは昼間に強いが夜に弱い、画像Bは年末年始に強い、ということもあるかもしれません。Webサイトに訪問したユーザや時間帯、時期などによって、画像を出し分けることもあります。何よりもデータを使い、変化や状況に適応し続けることが重要です。

## ≫ データで変化に適応し続ける例 （新聞売り子問題）

　データドリブン化することのメリットのひとつが、**データで変化に適応し続けられること**にあります。世の中は変化します。例えば、一度実施したデータ分析の結果を後生大事にし、ビジネス成果を出し続けることは難しいでしょう。今日明日有効な分析結果が、1カ月後1年後5年後まで有効である保証はありません。

　「アクション」を起こすと新たな「データ」が発生し、この新たに得られた「データ」をもとに、次の「アクション」を起こします。このようなループが延々と続きます。常に、新たに発生した「データ」を取り込むことで、データを活用し変化に適応し続けるのです。

　アナリティクスの古典的問題に「新聞売り子問題」というのがあります。先ほど紹介した発注最適化です。「新聞売り子問題」では、需要の「分布」を予測します。この分布を使い、機会損失と売れ残りを考慮し、売上や利益を最大化しようとするものです。

　この需要分布は、条件によって変化します。例えば、天候や季節などで変化するかもしれません。強烈な競合が登場することによって変化するかもしれません。対象とする顧客によっても変化するかもしれません。価格設定や販促活動によっても変化するかもしれません。店舗であれば、エリア特性によって変化するかもしれません。このようなことを考慮し、需要分布を予測する数理モデルを構築します。

　需要分布を予測する数理モデルは、一度作ってしまえばいいのでしょうか。

　実際は、定期的に数理モデルを再構築（再学習）します。人手で再構築することもありますが、再構築のサイクルが短い場合はコンピュータが自動的に再構築します。業種業態にもよりますが、サイクルの短いものですと数時間ごとに、需要分布を予測する数理モデルを再構築しています。最近では、

業界にもよりますが、素早く環境適応するために１日サイクルが多い印象があります。需要分布を予測する数理モデルを、毎晩再構築するといった感じです。

このサイクルが短いほど、データで変化に適応し続けることができます。世の中が大きく変化しないときには、このサイクルが短くても長くても、需要分布を予測する数理モデルそのものは大きく変化しません。しかし、世の中が大きく変化しているときには、需要分布を予測する数理モデルは大きく変化します。

実際にある製造業で、新型コロナウイルス感染症（COVID－19）禍の中、大きく需要分布が変化しました。面白いことに、需要分布が大きく変化した商材と、そうでない商材に分かれました。変化の仕方もいくつかパターンがあり、需要分布の形状そのものは大きく変わらなかった商材もあれば、形状そのものが変化した商材もありました。

2020年３月・４月・５月・６月・７月……と、どのように変化したのかを見ると、それ以降どのように需要分布が変化しそうなのかも見えてきました。同じ商材なのに、日本と米国と欧州で、需要分布の変化の仕方が変わるものもありました。

## ≫ データで価値を向上し続ける例（検索連動型広告サービス）

データ活用には、営業やマーケティング、生産などの「人のプロセス」を改善するものと、製品やサービスなどの売り物である「プロダクトそのもの」に改善する仕組みを組み込むやり方があります。要は、**「プロセス改善のためのデータ活用」**と、**「プロダクト改善のためのデータ活用」**があるということです。

営業活動やマーケティング活動などで多くの人がイメージするのは、「プロセス改善のためのデータ活用」かと思います。そのため、「プロダクト改善のためのデータ活用」とは何であろうかと思われた方もいることでしょう。

身近なところでは、Google の検索連動型広告サービスの例がわかりやす

いと思います。

　多くの現代人は、インターネット上の Google の検索サービスを利用しています。インターネット上で検索することを「ググる」と表現されていることからわかる通り、Google の検索サービスはかなり日常的なものになっています。

　この Google の検索サービスは無料で使えます。この検索サービスを利用すると検索行動に関するデータが発生し、そのデータをもとにサービスは日々改善されていることでしょう。要は、データドリブンな状態になっています。データが発生すればするほど、Google の検索サービスはよりよいものとなり、サービスとしての魅力は向上し続けます。改善する仕組みが組み込まれ、機械的（最近の流行のワードで表現すると、AI 的）に半自動で改善が行なわれています。

　そのことによって、Google の検索サービスの魅力は向上し続けます。Google 以外にも検索サービスはあります。今もありますが、昔はもっとたくさんありました。多くは無料です。無料であったとしても、魅力が Google の検索サービスよりも劣るということであまり使われなくなり、世の中から消えた Google 以外の検索サービスは、山のようにあります。

　単に「データによる継続的改善が仕組み」を作ればいいというわけではないことがわかります。このような仕組みをどう作るのかがポイントです。


　では、この Google の検索サービスの魅力が向上すると何が起こるでしょうか？

　このサービスを多くの人が使うようになり、**「人がたくさん集まる場」**になります。「人がたくさん集まる場」とは、この場合には検索結果（利用者から見たら PC やスマホなどのブラウザの画面）のことです。広告を掲載する立場から見たら、非常に魅力的な場です。多くの人が集まっているからです。

　インターネット上に広告を出稿したい広告主から見たら、Google の検索サービスが提供している「人がたくさん集まる場」は非常に魅力的です。広告出稿料も、他の広告媒体（テレビ CM や新聞広告など）に比べ、ものすごく安いとなれば、相当魅力的な広告媒体に映ります。

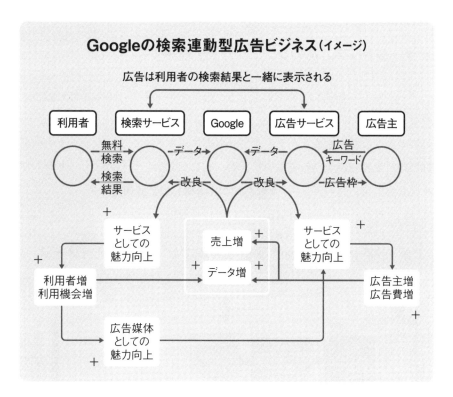

**Googleの検索連動型広告ビジネス（イメージ）**

広告は利用者の検索結果と一緒に表示される

利用者　検索サービス　Google　広告サービス　広告主

この広告サービスを利用すると広告出稿に関するデータが発生し、そのデータをもとにサービスは日々改善されています。要は、データドリブンな状態になっています。データが発生すればするほど、Googleの広告サービスはよりよいものとなり、サービスとしての魅力は向上します。さらに、現在では広告主に対し色々なアドバイスをAIがサポートしてくれます。

サービスの魅力が向上すればより多くの人が使うようになり、廉価な広告出稿料でも、塵も積もれば山となる、ということで莫大な収益を生んでいます。

要するに、データが増えれば増えるほどサービスの魅力が高まり、サービスの魅力が高まれば高まるほどデータが増え、このループが回り続けることで収益が拡大しているのです。

## ≫ データドリブン化のシンプルな「仕組み」

データによる継続的改善を実現するには、どのような仕組みを作ればいいのでしょうか？

このような話をすると、クラウドなどのアーキテクチャー（システムの設計思想）を思い浮かべる方もいますが、ここでお話しするのはもっとシンプルなものです。次のような、**「机上」と「現場」の2層構造**です。

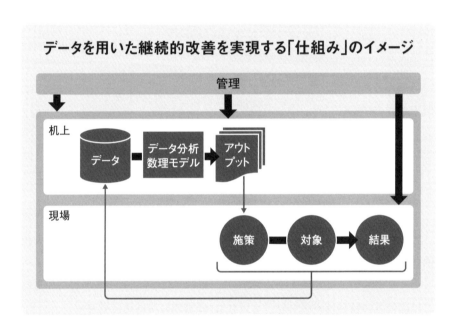

データを用いた継続的改善を実現する「仕組み」のイメージ

管理

机上　データ　データ分析数理モデル　アウトプット

現場　施策　対象　結果

「机上」とは、多くの人がイメージするデータ分析やデータサイエンス、機械学習などを実施する部分です。蓄積したデータに対し、データ分析を実施したり数理モデルを構築したりし、何かしらアウトプットを出す部分です。多くの人は、机の上のコンピュータを使うため「机上」と表現しています。もちろん、机上の空論の意味での「机上」でもあります。要は、実際の現場ではないという意味です。

「机上」の層の下に「現場」の層があります。この「現場」とは、データ活

用する現場です。例えば、経営の現場、営業の現場、マーケティングの現場、生産の現場、経営企画の現場などです。データサイエンス用語で表現すると「ドメイン」と言われます。

「管理」とは、文字通りデータ活用全体を管理する機能です。従来であれば、情報システム部や経営企画部あたりでしょうか。最近ですと、DX推進室やデータサイエンス推進室などの○○推進室が担うケースも増えています。

　データは「現場」で生まれます。大きく次の2種類に分けられます。

- アクション系のデータ
- 結果系のデータ

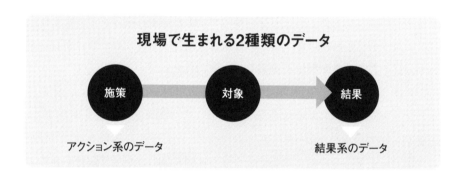

アクション系のデータとは、現場が実施した「施策」に関するデータです。例えば、法人営業の現場であればリード（見込み顧客）を「対象」に実施した「提案」「見積り」「ヒアリング」「情報提供」「テレアポ」かもしれませんし、店舗の現場であれば近隣住民や来店客を「対象」に実施した「折込チラシ」「店頭POP」「タイムセール」などかもしれませんし、生産の現場であれば生産ラインや生産設備を「対策」に実施した「製造条件の設定」「動線見直し」などかもしれません。

結果系のデータとは、現場が施策を実施した「結果」に関するデータです。例えば、法人営業の現場であれば「受注商材」「受注件数」「受注金額」「契約期間」「継続契約件数」などかもしれませんし、店舗の現場であれば「来店客数」「購入客数」「売上金額」などかもしれませんし、生産の現場で

あれば「サイクルタイム」「歩留まり（良品の割合）」などかもしれません。

　ちなみに、アクション系のデータよりも結果系のデータのほうが集めやすいです。集めやすいというか、集まっているケースが多いです。なぜならば、現場の成果評価に直結するからです。

　成果に直結するだけでなく、業務上必要であったり制度上必要であったりと、必ず必要なものもあります。例えば、「受注商材」のデータがないとその後の納品という業務ができませんし、「受注金額」のデータがないと会計処理ができず税金の納税額も算出できません。

　そのため、「今あるデータでデータ分析・活用を始めよう！」となると、結果系のデータを中心に実施することになります。

　「現場」では、日々新しいこの2種類のデータが発生し続けます。あえて捨てない限り蓄積され続けます。この蓄積されたデータを使い、常に新しいデータ分析や数理モデル構築を実施するのが「机上」です。

　このように、「机上」でデータから何かしらアウトプットを出し、そのアウトプットを使い「現場」の施策に活かし、その施策をした結果が生まれ、現場で「何をしてどうなったのか」というデータが発生し蓄積され、「机上」に提供されます。このサイクルがぐるぐると回り続け、現場で改善が起こり続けるのが、データを使った継続的改善になります。要は、データドリブンな状態だということです。

　このサイクルの中で非常に重要なのが、**「机上」から「現場」へのパス**です。データに対し、データ分析を実施したり数理モデルを構築したりし、何かしらアウトプットを出した後に、そのアウトプットを「現場」へ提供する部分です。これを**レコメンド（情報推薦）**といいます。

　レコメンドには、ヒトが行なう**「人的レコメンド」**とモノ（コンピュータ）が行なう**「機械的レコメンド」**があります。人が作ったパワーポイントやExcelなどのレポートなどは人的レコメンドです。Googleの検索サービスは機械的レコメンドです。

　現場では、このレコメンドをもとに施策の意思決定をし、そしてアクションを実施します。レコメンドの内容をどの程度活用するのかは、意思決定す

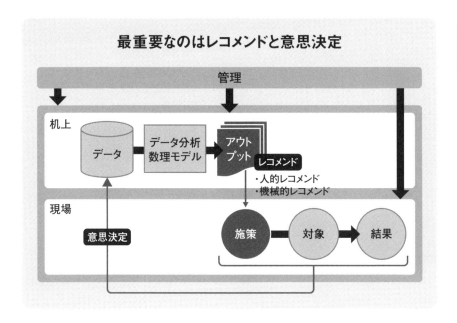

る現場次第です。

　このような、2層構造（「机上」と「現場」）のサイクルを仕組み化し機能させることで、データドリブンな状態を作ることができることでしょう。

　問題は、このサイクルの中で「どのようなデータ分析・活用を実施するのか」ということになります。

　最悪なのは、成果の出にくい筋の悪いテーマを、このサイクルで回し続けることです。データドリブンな状態になっているのに、大した成果を生み出すことができません。どうせなら成果の出やすい筋のいいテーマを、このサイクルの中で回し続けたいものです。

Data
driven
sales

第 **2** 章

# データ活用の
# うまくいく企業、
# うまくいかない企業

# 1 » うまくいっている企業はどんなデータを活用しているのか?

## » データ活用のうまくいっている企業

あなたは、次のような質問をされたとき、どのような企業を思い浮かべるでしょうか。

**「データ活用のうまくいっている企業は?」**

多くの人は、勢いのあるIT系企業やGAFA(Google・Amazon・Facebook・Apple)、データサイエンティストを多く抱えているイメージのある企業、将来優秀なデータサイエンティストや機械学習エンジニアなどになりそうな新卒を積極的に集めている大手電気機器メーカーなどを思い浮かべるのではないでしょうか。

フットワークの軽い企業ほど、データ活用がうまくいきやすい印象が、私にはあります。例えば、昔からの日本の大手製造業などは、どちらかというとフットワークが重い印象があります。当然ながら、ベンチャーやスタートアップと呼ばれる企業のほうが、フットワークが軽い印象があります。

2016年の一般財団法人 商工総合研究所の調査研究論文に「中小企業のIT活用」というものがあります。

この研究論文の「社内外に蓄積されたデータを事業に活用しているか」という設問の回答結果から、例えば次の3つのことが読み取れます。

● データ活用がうまくいっているかどうかと、業種はあまり関係ない
● データ活用は、生産性向上(売上増、効率化、コストカットなど)にいい影響を与えている

● 資本規模が大きいからといって、データ活用がうまくいきやすいわけではない

　中小企業の経営者や管理職、社員の中には、大企業でないとデータ活用がうまくいかないと嘆いている方も少なくないでしょう。大企業のほうが、優

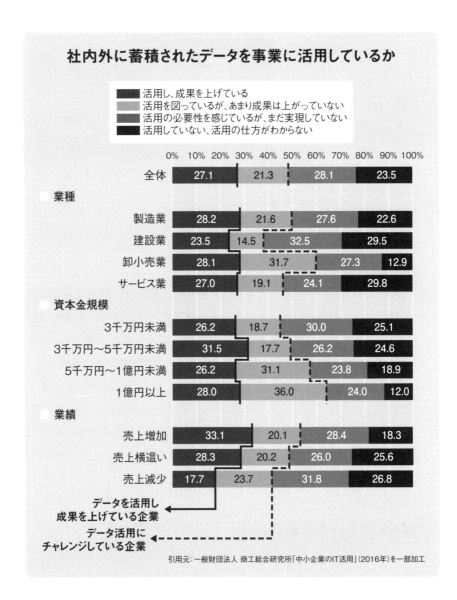

**社内外に蓄積されたデータを事業に活用しているか**

■ 活用し、成果を上げている
■ 活用を図っているが、あまり成果は上がっていない
■ 活用の必要性を感じているが、まだ実現していない
■ 活用していない、活用の仕方がわからない

|  | 活用し、成果を上げている | 活用を図っているが、あまり成果は上がっていない | 活用の必要性を感じているが、まだ実現していない | 活用していない、活用の仕方がわからない |
|---|---|---|---|---|
| 全体 | 27.1 | 21.3 | 28.1 | 23.5 |

業種

|  |  |  |  |  |
|---|---|---|---|---|
| 製造業 | 28.2 | 21.6 | 27.6 | 22.6 |
| 建設業 | 23.5 | 14.5 | 32.5 | 29.5 |
| 卸小売業 | 28.1 | 31.7 | 27.3 | 12.9 |
| サービス業 | 27.0 | 19.1 | 24.1 | 29.8 |

資本金規模

|  |  |  |  |  |
|---|---|---|---|---|
| 3千万円未満 | 26.2 | 18.7 | 30.0 | 25.1 |
| 3千万円〜5千万円未満 | 31.5 | 17.7 | 26.2 | 24.6 |
| 5千万円〜1億円未満 | 26.2 | 31.1 | 23.8 | 18.9 |
| 1億円以上 | 28.0 | 36.0 | 24.0 | 12.0 |

業績

|  |  |  |  |  |
|---|---|---|---|---|
| 売上増加 | 33.1 | 20.1 | 28.4 | 18.3 |
| 売上横這い | 28.3 | 20.2 | 26.0 | 25.6 |
| 売上減少 | 17.7 | 23.7 | 31.8 | 26.8 |

← データを活用し成果を上げている企業

← データ活用にチャレンジしている企業

引用元：一般財団法人 商工総合研究所「中小企業のIT活用」(2016年)を一部加工

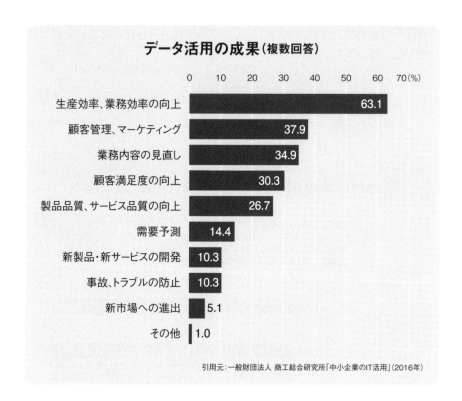

## データ活用の成果（複数回答）

| 項目 | 割合(%) |
|---|---|
| 生産効率、業務効率の向上 | 63.1 |
| 顧客管理、マーケティング | 37.9 |
| 業務内容の見直し | 34.9 |
| 顧客満足度の向上 | 30.3 |
| 製品品質、サービス品質の向上 | 26.7 |
| 需要予測 | 14.4 |
| 新製品・新サービスの開発 | 10.3 |
| 事故、トラブルの防止 | 10.3 |
| 新市場への進出 | 5.1 |
| その他 | 1.0 |

引用元：一般財団法人 商工総合研究所「中小企業のIT活用」（2016年）

秀な社員が多く、データ活用のためのITインフラもあり、何よりも資金力がある。だから、大企業が有利であるという感じでしょう。

しかし、現実はそうではありません。企業規模に関係なく、データ活用のうまくいっている企業は存在します。**フットワークの軽重のほうが重要**です。

例えば、データにチャレンジしている企業は、資本金1億円以上の企業が、最も割合が大きく64％（＝28％＋36％）ですが、その中でデータを活用し成果を上げている企業の割合は、資本金3,000万円未満の企業は約58％（＝26.2％÷（26.2％＋18.7％））に対し、資本金1億円以上の企業は約44％（＝28％÷（28％＋36％））と低くなっています。

## 》 うまくいっている企業が活用しているデータ

では、データ活用のうまくいっている企業は、どのようなデータを活用し

ているのでしょうか。秘密のデータを使っているのでしょうか。それとも、高額なデータを購入しているのでしょうか。

　先ほどの調査結果に、データ活用のうまくいっている企業が活用しているデータも記載されています。結論からいいますと、特別なデータを活用しているわけではなく、どの企業にもあるようなデータを活用しています。

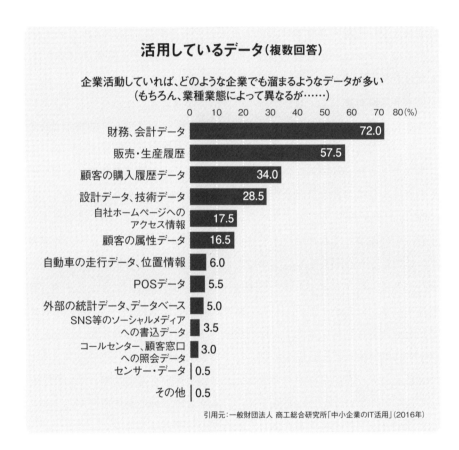

## 活用しているデータ(複数回答)

企業活動していれば、どのような企業でも溜まるようなデータが多い
(もちろん、業種業態によって異なるが……)

| データ | 割合(%) |
| --- | --- |
| 財務、会計データ | 72.0 |
| 販売・生産履歴 | 57.5 |
| 顧客の購入履歴データ | 34.0 |
| 設計データ、技術データ | 28.5 |
| 自社ホームページへのアクセス情報 | 17.5 |
| 顧客の属性データ | 16.5 |
| 自動車の走行データ、位置情報 | 6.0 |
| POSデータ | 5.5 |
| 外部の統計データ、データベース | 5.0 |
| SNS等のソーシャルメディアへの書込データ | 3.5 |
| コールセンター、顧客窓口への照会データ | 3.0 |
| センサー・データ | 0.5 |
| その他 | 0.5 |

引用元:一般財団法人 商工総合研究所「中小企業のIT活用」(2016年)

**データ活用のうまくいく企業とは、「今あるデータ」をうまく使っている企業**ということです。企業規模は関係ありません。規模や資金力の世界ではなく、フットワークの軽さと知恵と工夫の世界です。

　入手したデータの多くは汚く、そのままでは使えないことでしょう。しか

し、データを頑張ってきれいにする（クレンジングする）ことによって、どうにかなるケースも多いのです。

## ≫ 今あるデータから始めよ

　データ活用に踏み切れない企業の中には、「データがないからデータ活用できないのだ！」ということで躊躇する企業も少なくありません。比較的中小企業に多い印象があります。そもそも、データがないわけはありません。会計系のデータは必ず存在します。このデータがないと決算処理ができず、税金の計算すらできません。

「データ基盤が整っていないからデータ活用がうまくいかないのだ！」ということで、データ活用のためと称しIT投資に勤しみ、データ基盤などを整備しているだけの企業もあります。比較的、大企業に多い印象です。BI（ビジネスインテリジェンス）ツールの導入や、クラウド環境の整備、分析ツールの導入などに多大なるお金を注ぎ込んでいるケースも少なくありません。

　DX（デジタルトランスフォーメーション）の名のもとにIT投資するよりも、今の環境で今あるデータを使い、実ビジネスで即チャレンジしたほうがいいでしょう。即チャレンジすることで、どのような分析環境が必要なのか、どのようなツールがあると現場はうれしいのか、どのようなデータが蓄積されるといいのか、どのような人財や教育が必要なのか、といったことが実ビジネスから見えてきます。その中で、本当に必要なものを見つけ出し投資をすれば、少なくとも成果の見えない無駄な投資にはならないでしょう。

　想定したデータがないからできない、必要なデータ基盤が整っていないからできない、ということはありません。ありもので何とかするのが、データ分析者やデータサイエンティストなどの腕の見せどころです。

　20代の頃、データ分析組織のエライ人に「一流は、ありものでどうにかするものだ」といわれたことがあります。一流の料理人がありものの食材でおいしい料理を作るように、一流のデータ分析者はありもののデータで価値を生み出すというのです。ボロボロのデータのときほど、データ分析者の真価が問われるのです。

# 2 » データ分析・活用に 立ちはだかる「3つの壁」

## » データ活用がうまくいかない要因

あなたは、次のような質問をされたとき、どのようなことを思い浮かべるでしょうか。

**「データ活用がうまくいかない要因として、何があると思いますか？」**

データ活用のうまくいかない要因は、色々あります。例えば、目的が不明確、データが足りない、データが汚い、データサイエンス人財がいない、分析環境が貧弱、現場にやる気がない、現場が協力してくれない、現場が動かない、現場に定着しない、連携がうまくいかない、責任の所在が不明確、やる気が口だけ……など。

**データを活用するのは「現場」です。** 成果が生まれるのも「現場」です。現場を動かすことができなければ、それは失敗です。現場が動かなければ、データ分析・活用の成果が生まれず、徒労に終わります。

少なくとも現場が動くためには、現場が動けるようなデータ分析・活用でなければなりません。データ分析や数理モデルの出力結果を手にした現場が、その結果を見て何をどうしていいかわからない場合、当然ながら動けません。

そう考えると、「現場がどう動くのか」までを想定し、どのようなデータ分析や数理モデル構築などを実施するのかを検討する必要があります。「現場がどう動くのか」がイメージできないデータ分析や数理モデルの出力結果は、おそらく現場では活用されません。

うまくいかないデータ分析・活用の多くが、データ分析・活用の「活用イ

メージ」が明確でないケースがほとんどです。

## 》 データ分析・活用の3つの壁

　私は、データ分析・活用には、3つの壁があると考えています。

● テーマ設定の壁
● アナリティクスの壁
● ビジネス活用の壁

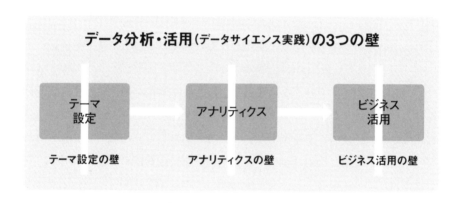

　テーマ設定でつまずくか、アナリティクスでこけるか、ビジネス活用で暗礁に乗り上げるか、ということです。

## 》 テーマ設定の壁

　あなたは、「よし！　データ活用するぞ」となったとき、どのようにテーマを設定しているでしょうか。
　例えば、次のようないい加減な感じでテーマ設定していたら危険です。

● テーマが上から降ってきたから
● 声の大きい人の意見だから

- いつものテーマだから
- やれといわれたから
- なんとなく

　会社のエライ人が考えたテーマが、正しいテーマとは限りません。深く追及すると、思いつきレベルのときもあります。最悪、社内における政治的アピールのためや、社外的なパフォーマンスのためなど、「やっている感」を出すためだけの刹那的な価値を追求した、数年後に何も残らない無駄なものもあります。

　しかも、数年前は正しいテーマであっても、時代とともに取り組むべき正しいテーマは変化します。

　データ分析・活用をするときのモチベーションのひとつとして、**「KKD（経験と勘と度胸）の排除」**ということが謳われることがあります。

　データ分析・活用のテーマを決めるときに、KKD（経験と勘と度胸）で決めているとしたら、目も当てられません。しかも、なんとなく非ロジカルに決めたテーマが、成果の出にくい筋の悪いテーマだと最悪です。その後どう頑張っても成果が思うように出ないからです。

　なんとなくテーマを決めている方は、もう少しロジカルにテーマ設定したほうがいいと思います。ロジカルにテーマを設定する方法は、後ほど紹介します。それほど特別なことではありませんが、データ分析やデータサイエンス、機械学習などのイメージが一変するかもしれません。

## 》 アナリティクスの壁

「アナリティクスの壁」とは、データ分析を実施したり数理モデルを構築したりするときの壁です。人財やスキル、分析環境などが影響します。この壁は、多くの人にとって一番取り組みやすい壁です。

　なぜ一番取り組みやすいのかというと、一番イメージがつきやすいからです。人財不足ならば採用すればいいですし、スキルが足りないならば教育を

提供すればいいですし、分析環境が不十分であるならば整備すればいいです。やることが、比較的明確です。

　昨今、データ分析者やデータサイエンティスト、機械学習エンジニアなどの AI 人財が不足しているといわれています。最近では日本の伝統的な企業でさえ、中途採用者だけではなく、新入社員にも待遇面で差をつけ AI 人財を確保しようとしています。さらに、独自の教育プログラムを作り社内の AI 人財を増やそうという企業や、データサイエンティストの専門部署を作る企業も増えています。

　さらに、「アナリティクスの壁」は、ビッグデータや AI ブームなどの影響で、他の壁に比べ低くなっています。データサイエンスや機械学習などを教育する機関もありますし、わかりやすい書籍もたくさんあります。データサイエンスや機械学習などを専門に扱う企業もありますし、一部の大学などでは専門の学部・学科まであります。無料で使える Julia や Python、R などの分析ツールもありますし、ネットで調べるだけでお手本となる分析例もたくさん見つかり自主勉強も簡単にできます。

　最近では、数理モデル構築作業を半自動化してくれる「自動機械学習」（AutoML、Automated Machine Learning）の流れもあり、便利になっています。「自動機械学習」だけでどうにかなるわけではありませんが、非常に便利なものです。

## 》 ビジネス活用の壁

「ビジネス活用の壁」とは、データ分析・活用を実現させビジネス成果を出すときの壁です。

　現場から見たら「何をすればいいのか明確」で、実際にデータ分析・活用したら「成果が出る」ことが重要です。さらに、現場の負担が小さければ小さいほどいいです。現場が楽になって成果が出るのであれば、続けてくれそうです。逆に、現場から見て「何をすればいいのか不明確」で、頑張ってデータを活用しても「成果が出ず」、さらに現場負担が大きく面倒な場合はど

うでしょうか。私なら続けません。

　少なくとも、現場が理解できないデータ分析などの結果は、提供しないほうがいいでしょう。混乱するだけです。仮に現場が理解できても、その分析結果などを見て何をすればいいのかアクションが明確でない場合も、当然ですが活用されません。そう考えると、分析結果などをどのように現場に提供するのかが、非常に重要になってきます。

　分析結果などを現場に提供するツールとして、最近、BI（ビジネスインテリジェンス）ツールを導入する企業が増えていますが、データ活用をこのようなIT投資で解決できるとは思えません。IT投資をするだけで解決するなら、こんな楽なことはありません。BIツールは非常に便利で優れたツールですが、どう活用するのかは人間が頭を捻って考え抜く必要があります。単に、今までExcelやPowerPointなどで提供していた内容を、BIツールを通して提供しても、現場にとって得られる情報量は変わりません。会社のコストが増えただけです。


　小さな話ですが、グラフの見せ方を変えただけで、現場で活用してくれたことがあります。やったことは、現場の人たちが使っている資料のグラフの形状に合わせただけです。

　例えば、棒グラフを折れ線グラフに直した、グラフの色を変えた、凡例の位置を変えた、などです。現場にとっては、見慣れない美しいグラフより、見慣れた若干不格好なグラフのほうがいいわけです。

　要は、**美しいグラフやすごいデータ分析よりも、活かせるグラフやデータ分析**ということです。


　このように、現場でデータを活用してもらえるように、改善し続けることが重要です。しかし、成果の出にくい筋の悪いテーマを選んでしまうと、現場で活用してもらえるように改善し続けても、成果は出ません。

# 3 » 最悪なのは「筋の悪い テーマ」で頑張ること

## » ここ10年でよくされる質問

ここ10年間、よく次のような質問をされます。

### 「どのようなデータで、どのような分析をすればいいの？」

なかなかの難問です。あなたの置かれている状況や、あなたの意思や、あなたが何をやりたいのかによって、どのようなデータでどのような分析をすればいいのかは変わってきます。

この質問に回答するためには、「データ分析・活用の目的を明確に定め、その目的に沿う形でデータを使って成し遂げたいこと（テーマ）を設定すること」が最低条件になります。

この最低条件を満たしていれば、「どのようなデータで、どのような分析をすればいいの？」に対し回答はできますが、そのテーマで「ビジネス成果が出るかどうか」は別問題です。

成果が出ないときは、どんなに頑張っても成果は出ません。たとえ、テーマが明確であっても、どんなに素晴らしいデータがあっても、どんなに素晴らしい分析をしても、成果が出ないときは出ません。

ビジネスの世界のデータ分析・活用であれば、その成果はPL（損益計算書）の数字に表れます。例えば、売上高や限界利益、貢献利益、営業利益などです。しかし、現場でデータ分析・活用を実施し続けているのに、PLの数字にその成果が表れないことがあります。例えば、「データサイエンスだ！」「AIだ‼」「DXだ‼‼」——でも、PLがいい方向に向かっている気が

しない。このようなケースは少なくありません。DX やビッグデータ、AI、ロボティクス、IoT、データサイエンスなどの流行のキーワードで何かを実施したこと自体が神々しいという感じでしょうか。最悪の場合、PL を悪化させるような無駄遣いをしているケースもあります。一時的に自社の株価を上げるためだけに実施したのではないかと、疑うようなケースもあります。

　何がいけないのでしょうか？　多くの場合、設定したデータ分析・活用のテーマに問題があります。成果の出にくい筋の悪いテーマを設定しているケースが、非常に多いです。

　要するに、「どのようなデータで、どのような分析をすればいいの？」と問う前に、「テーマの筋のよさ」をとことん追求したほうがいいでしょう。

## 》 最大の壁はテーマ設定にある

　先ほど、データ分析・活用には 3 つの壁（テーマ設定の壁・アナリティクスの壁・ビジネス活用の壁）があるとお話ししました。

　その中で、最大の壁はどれでしょうか。私の 20 数年のデータ分析・活用の実務経験から考えると、明らかに「テーマ設定の壁」が最大の壁です。

　私の印象では、多くの場合、テーマ設定が雑すぎると感じています。先ほども述べましたが、「テーマが上から降ってきた」「声の大きい人の意見だから」「いつものテーマだから」「やれといわれたから」「なんとなく」など、いい加減な感じでテーマ設定しているケースが多い印象です。会社のエライ人が考えたテーマが、正しいテーマとは限りません。パフォーマンスや社内アピールのための場合もあります。いつもやっているテーマが、正しいとは限りません。時代とともに取り組むべきテーマは変化します。

　最近気になることがあります。データサイエンスやビッグデータ、AI、DX などのキーワードに幻想を抱きすぎている人が、ビジネスパーソンに増えていることです。

　データ分析・活用をするとき、エライ人はざっくり 3 派に分かれます。「拒否派」「幻想派」「傍観派」の 3 派です。「拒否派」とは、データを使って

何かをやることに拒否反応を示す人です。「幻想派」とは、データサイエンスに幻想を抱いている人です。「傍観派」とは、日和見の人たちです。

この中で意外とやっかいなのが「幻想派」です。「データサイエンスたるもの、難しいテーマに取り組むべき」という感じで、難しいテーマに取り組ませようと情熱的に動きます。データ分析・活用を推進する上では強力な味方なのですが、テーマ設定のときこの勢いに飲まれてしまうと、アナリティクスやビジネス活用で大変苦労することになります。

例えば、「実現が容易で、実現したときのインパクトの大きなテーマ」があるにもかかわらず、「実現が難しいテーマ」に手を出してしまうのです。最悪、「実現が難しく、実現してもインパクトの小さなテーマ」を知らず知らずのうちに選んでしまっているケースもあります。

そのようなことにならない工夫が必要です。そのためだけではありませんが、私がよく作るのが「テーマ選定マトリクス」です。いくつかのデータ分析・活用のテーマを、マップ上にプロットしたものです。

この「テーマ選定マトリクス」を使うことで、避けたほうがいい筋の悪いテーマが浮かび上がります。筋の悪いテーマを避けつつ、取り組むべきテーマを俯瞰的に見て決めることができます。

## 》 テーマ選定マトリクス

テーマ選定マトリクスとは、次の2つの軸でデータ分析・活用のテーマを評価したものを、プロットしたマップです。

- 容易性（ヨコ軸）
- インパクトの大きさ（タテ軸）

「容易性」とは、データを使ってどれだけ容易にデータ分析・活用が実現できるのか、ということです。
「インパクトの大きさ」とは、データ分析を活用したときに得られる「成果の大きさ」です。可能であればすべて「金額（円）」で表現するようにしま

しょう。

　どちらの評価基準も、絶対評価（例：インパクトを金額で表現する、など）が難しければ、相対評価であっても構いません。例えば、「テーマ候補Aに比べテーマ候補Bのほうが、容易に実現できる」「テーマ候補Bに比べテーマ候補Aのほうが、インパクトが大きい」といった感じです。

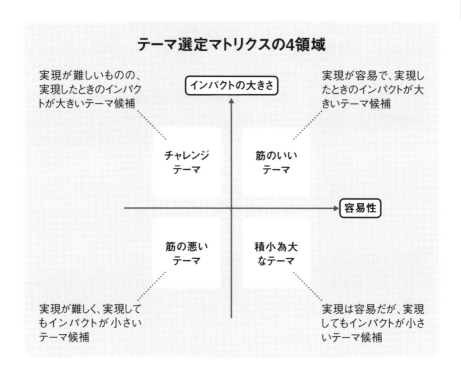

テーマ選定マトリクスの4領域

実現が難しいものの、実現したときのインパクトが大きいテーマ候補

インパクトの大きさ

実現が容易で、実現したときのインパクトが大きいテーマ候補

チャレンジテーマ

筋のいいテーマ

容易性

筋の悪いテーマ

積小為大なテーマ

実現が難しく、実現してもインパクトが小さいテーマ候補

実現は容易だが、実現してもインパクトが小さいテーマ候補

　データ分析・活用のテーマを決めるとき、絶対この2つでなければならない、というわけではありません。この2つの評価基準で考え整理すると、テーマ候補が俯瞰され選びやすく、さらに他者に説明しやすくなるので、少なくともこの2つの軸を含めたほうがいいですよ、ということです。

　テーマ選定マトリクスは、ざっくり4つのエリアに分かれます。右上・左上・左下・右下です。もう少し細かく分けてもいいですが、説明を簡単にするため4つのエリアに分けてお話しします。

右上にプロットされているのは、**「実現が容易で、実現したときのインパクトが大きいテーマ候補」**です。筋のいいテーマです。やらない意味がわかりません。ぜひやるべきです。

　左上にプロットされているのは、**「実現が難しいものの、実現したときのインパクトが大きいテーマ候補」**です。時間がかかるため、組織として個人として忍耐力が必要です。短期的な成果を求めないように注意しましょう。

　左下にプロットされているのは、**「実現が難しく、実現してもインパクトが小さいテーマ候補」**です。筋の悪いテーマです。やる意味がわかりません。絶対避けましょう。今取り組んでいるならば、やめたほうがいいです。

　右下にプロットされているのは、**「実現が容易ですが、実現してもインパクトが小さいテーマ候補」**です。経験を積むなら最適です。成果は小さいですが、テンポよく成果を出せるのでデータ分析・活用の経験値をスピーディに積むことができます。成果は小さくとも、塵も積もれば山となるということで、それなりの成果の大きさになると思います。「積小為大なテーマ」です。成果と人財がどんどん生まれます。


　理想は、右上にプロットされる**「筋のいいテーマ」**を選ぶことですが、そんなに多くはありません。通常は、残りの3つエリアにプロットされるテーマ候補が多いです。このとき、左下の「筋の悪いテーマ」を選ぶのだけは避けましょう。

　そうすると、残りは「左上」と「右下」にプロットされるテーマ候補になります。おすすめは、「右下」の小さいながらも成果がどんどん生まれ、成功体験を積んだデータサイエンス人財をどんどん育成できる**「積小為大なテーマ」**です。組織としてある程度の経験値を積み、人財がそれなりにいるのならば「左上」のテーマ候補に挑むのもいいでしょう。

　ちなみに、エライ人が「幻想派」の場合、「データサイエンスたるもの、難しいテーマに取り組むべき」という感じで、「右上」にプロットされた「筋のいいテーマ」があるにもかかわらず、「左上」にプロットされたテーマ候補を選びがちなので注意しましょう。場合によっては、説得するための時間が必要になります。

先ほど、データドリブンとは「データを用いた継続的改善」であると述べました。「昨日より今日」「今日より明日」という感じで小さな改善でもコツコツとデータを使い、改善していくことです。例えば、Google の検索サービスや検索連動型広告サービスは、劇的に改善されることもありますが、日々実施されているのは小さな改善かと思います。小さな改善が、結果的に大きな改善につながっているのかもしれません。

そういう意味で、**データドリブンとは「データを用いた積小為大を体現」すること**なのです。

## ≫ 容易性を3つの視点で評価しよう

今説明したように、テーマ選定マトリクスは、データ分析・活用のテーマを「容易性」（ヨコ軸）と「インパクトの大きさ」（タテ軸）の2軸で評価しプロットしたマップです。ここでは、「容易性」（ヨコ軸）の評価の考え方について説明します。

「容易性」とは、テーマとしてあげられたビジネス課題の解決が、データを使ってどれだけ容易に実現できるのか、ということです。容易性の観点には、次の3つがあります。

- データ取得に関する容易性
- アナリティクスに関する容易性
- 現場活用に関する容易性

### 容易性

容易性 ＝ データ取得に関する容易性 × アナリティクスに関する容易性 × 現場活用に関する容易性

「データ取得に関する容易性」では、データの取得や整備などがどれだけ容易か、という観点で容易性を評価します。既にデータがあるならば容易かもしれませんし、蓄積されていなくてもデータ取得が可能ならば容易といえるかもしれません。データが既にあっても、データ整備に膨大な時間が必要ならば、容易とはいえません。

「アナリティクスに関する容易性」では、データの集計や分析、数理モデル構築などがどれだけ容易か、という観点で容易性を評価します。データ分析などをする人財がいないのであれば容易でないかもしれませんし、ちょっとした学習で対応可能ならば容易であるかもしれません。データ分析などをする人財がいても、その人財のスキルを大きく超えるような数理モデル構築などが必要な場合には容易とはいえません。どうしても、それなりのデータ基盤などが必要なのに、そのためのIT投資が不可能ならば容易ではありません。

「現場活用に関する容易性」では、現場で実際に活用し成果を得るのがどれだけ容易か、という観点で容易性を評価します。

　この中で一番重要なのが「現場活用に関する容易性」です。この容易性が確保できないと、データ分析・活用は実現できません。

　例えば、現状を大きく変える痛みを伴うデータ分析・活用は、通常容易ではありません。痛みとはいえないまでも現場負担が増えるデータ分析・活用も、容易ではありません。しかし、上からのトップダウンと強烈なリーダーシップが望めるのなら、容易になるかもしれません。

## ≫ インパクトの大きさは4つの視点で評価しよう

　テーマ選定マトリクスのタテ軸「インパクトの大きさ」の評価の考え方について説明します。

　「インパクトの大きさ」とは、**データ分析を活用したときに得られる「成果の大きさ」**です。可能であればすべて「金額（円）」で表現するようにしましょう。

データ分析・活用を実践すると、売上アップだけでなく売上ダウンも起こり得ますし、コストダウンだけでなくコストアップも起こり得ます。データ分析・活用の成果を金額換算するときは、次の4つの金額を見積もることが多いです。

- 売上変動
  - ・利益にプラスの売上変動（売上アップ）
  - ・利益にマイナスの売上変動（売上ダウン）
- コスト変動
  - ・利益にプラスのコスト変動（コストダウン）
  - ・利益にマイナスのコスト変動（コストアップ）

　例えば、データ分析・活用を実践し、利益率の悪いある商材の販売を縮小すれば、その商材の売上はダウンします。利益の小さなエリアから撤退すれば、そのエリアの売上はダウンします。

　また、データ基盤を導入したり、有償の分析ツールを購入したりすれば、その分のコストが必要になります。さらに、今までデータ分析・活用を実施していない場合、そのための工数が発生しコストアップします。

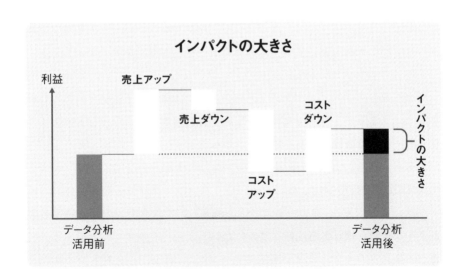

このように、データ分析・活用をするとき、売上アップやコストダウンという魅力的な面だけでなく、売上ダウンやコストアップといった利益を悪化させる面も考えていく必要があります。

## テーマ設定事例❶ 》某消費財メーカーの新規顧客開拓の営業効率化

　某消費財メーカーの新規顧客開拓で、データをうまく活用し営業効率を高められないものだろうか、というお話がありました。

　新規顧客開拓時に、営業パーソンが提案書を作って訪問します。そのとき持っていく提案書は、提案する相手であるリード（見込み顧客）によって多少違いはあるものの、大きな資料構成は同じでした。もちろん、資料の中の細かい内容は異なります。例えば、資料の中にある業界動向のグラフや数字、主な出来事などが異なります。リード（見込み顧客）の市場内のポジションや、トップの方針なども異なります。

　そこで、**「商材とリード（見込み顧客）を設定すると、提案書をほぼ自動で作成する AI を作り、営業効率化したい」**というニーズが生まれました。人による作業は完全にはなくならないものの、実現すると提案資料作りのための時間が大幅に削減され、営業効率が高まりそうです。しかし、そう簡単にはできそうもありません。要するに、「実現が難しいものの、実現したときのインパクトが大きいテーマ候補」です。営業推進部長はノリノリです。

　もっと楽しくてアグレッシブなデータ分析・活用のテーマがあるかもしれないということで、現場の営業パーソンや営業推進のメンバーなどを交えて他のテーマの可能性も探ることになりました。

　すると、「商材と見込み顧客を設定すると、提案書をほぼ自動で作成する AI を作り、営業効率化したい」と同じくらいのインパクトの大きさのテーマが見つかりました。**「リード（見込み顧客）の中から商材の購入顧客と似たような企業を探し営業活動に活かしたい」**というテーマです。違いは、実現が容易だということです。要するに、「実現が容易で、実現したときのイ

## 某消費財メーカーの新規顧客開拓の営業効率化の例

商材とリード（見込み顧客）を設定すると、提案書をほぼ自動で作成するAIを作り、営業効率化したい

**インパクトの大きさ**

リード（見込み顧客）の中から商材の購入顧客と似たような企業を探し営業活動に活かしたい

チャレンジテーマ

筋のいいテーマ

**容易性**

筋の悪いテーマ

積小為大なテーマ

ンパクトが大きいテーマ候補」です。

最初、営業推進部長は「昔からできている！　俺はやっていた」といった反応でした。しかし、現場から出てきたテーマです。できているのならテーマとして浮上してきません。結局は、テーマ選定マトリクスを見せながら説得するという作業が発生しました。「目の前にニンジンがぶら下がっているのに、これから種を植え育つかわからないニンジンを待つのはなぜですか？」という感じで説得し、最終的に了承をもらい実施しました。

この事例は、開始1.5カ月はテーマ設定で紛糾し、次の1カ月かけてデータ収集や整備を進め、2週間ほどで「見込み顧客の選別」のための数理モデルを構築とそのためのデータ分析を実施し、2週間でここまでの活動報告書のレポート作成と現場の実施計画書を作成しました。つまり、3カ月間かかりました。あとは現場で実施するだけです。

一部のエリアで実施し、やり方などを修正しながらデータ分析・活用のカタチを作り上げ、その後全国に広げる計画です。

## テーマ設定事例❷ ≫ 某電気メーカーの輸送コストカット

　某電気メーカーの輸送費が膨大で、データをうまく活用しコストカットできないものだろうというお話がありました。

　工場は国内だけでなく、中国や東南アジアなど国際的な広がりを見せていました。工場間で輸送するとき、コンテナに積めて運びます。調べてみると、コンテナ内の積み荷がガラガラの状態で輸送されることがありました。うまく混載されていなかったのです。

　そこで、**「物流の混載を最適化し輸送費をコストダウンしたい」** というニーズが生まれました。しかし、データはたくさんあるものの、データのコンディションが悪く、気の遠くなるようなデータ整備のための作業が発生することがわかりました。要するに、「実現が難しいものの、実現したときのインパクトが大きいテーマ候補」です。SCM（サプライチェーンマネジメント）部長はノリノリです。

　もっと楽しくてアグレッシブなデータ分析・活用のテーマがあるかもしれないということで、現場のSCM部や生産本部の生産管理部門、調達部門のメンバーなどを交えて他のテーマの可能性も探ることになりました。

　そこで、「物流の混載を最適化し輸送費をコストダウンしたい」と同じくらいのインパクトの大きさのテーマが見つかりました。**「輸送費の請求書の記載ミスを発見し不適切な請求金額を減らしたい」** というテーマです。違いは、実現が容易だということです。要するに、「実現が容易で、実現したときのインパクトが大きいテーマ候補」です。

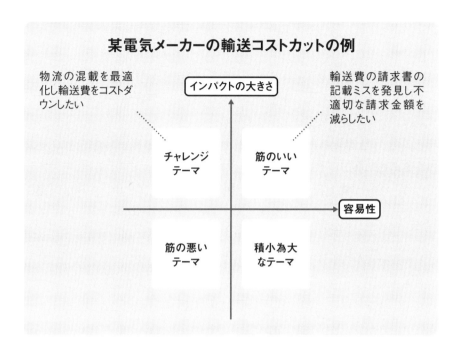

**某電気メーカーの輸送コストカットの例**

物流の混載を最適化し輸送費をコストダウンしたい

輸送費の請求書の記載ミスを発見し不適切な請求金額を減らしたい

インパクトの大きさ

チャレンジ
テーマ

筋のいい
テーマ

容易性

筋の悪い
テーマ

積小為大
なテーマ

　最初、SCM部長は「データサイエンスのテーマとしてふさわしくない！」といった反応でした。こちらも、テーマ選定マトリクスを見せながら説得するという作業が発生しました。「目の前にニンジンがぶら下がっているのに、今から種を植え育つかわからないニンジンを待つのはなぜですか？」という感じで説得し、最終的に了承をもらい実施しました。

　この事例は、開始1カ月はテーマ設定で紛糾し、次の1週間かけてデータ収集や整備を進め、1週間ほどで「異常検知」のための数理モデル構築とそのためのデータ分析を実施し、2週間でここまでの活動報告書のレポート作成と現場の実施計画書を作成しました。つまり、2カ月間かかりました。あとは現場で実施するだけです。

　全面的にすぐに実施しました。現場の負担が非常に少なかったからです。

## テーマ設定事例❸ >> **某自動車ディーラーの受注率向上**

　某自動車ディーラー（販社）で、データをうまく活用して経験の浅い販売

員をサポートし、受注率を高められないだろうかというお話がありました。

　販売員には、当然ながら自動車の販売ノルマがあります。さらに、車検台数や保険件数など様々なノルマが課されています。経験の浅い販売員は、抱えているお客様も少なく、余裕がないこともあり、無理やり売ろうとしていました。なかなか受注率は上がりません。

　そこで、「**販売員のトークをサポートするチャットボット AI を作り受注率を高めたい**」というニーズが起こりました。チャットボット AI で目指したのは、トップ販売員ではなく、中堅どころの販売員です。トップ販売員は、大口の法人顧客を抱えている人や、そもそも個性が強すぎるということもあり、まねできないという判断でした。頑張れば手の届きそうな、中堅どころの販売員がちょうどいい、ということになりました。

　もちろん、チャットボット AI のトークレコメンドを鵜呑みにするわけではなく、会話の参考にする感じです。経験の浅い販売員の受注率も高まりそうです。しかし、そう簡単にはできそうもありません。要するに、「実現が難しいものの、実現したときのインパクトが大きいテーマ候補」です。本社のマーケティング部のエライ人も、販社のエライ人もノリノリです。

　もっと楽しくてアグレッシブなデータ分析・活用のテーマがあるかもしれないということで、現場の販売員や本社のマーケティング部のメンバーなどを交えて他のテーマの可能性も探ることになりました。

　そこで、「販売員のトークをサポートするチャットボット AI を作り受注率を高めたい」と同じくらいのインパクトの大きさのテーマが見つかりました。「**販売員のトークに活かせるように、お客様が試乗予約時に閲覧した HP の情報をまとめ提供し、受注率を高めたい**」というテーマです。違いは、実現が容易だということです。要するに、「実現が容易で、実現したときのインパクトが大きいテーマ候補」です。

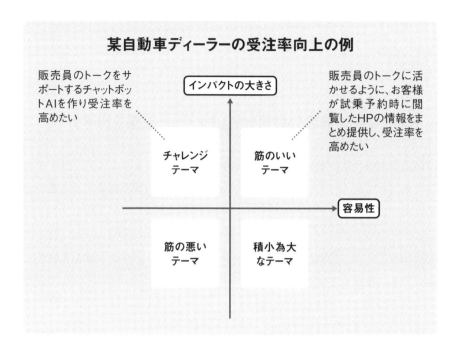

## 某自動車ディーラーの受注率向上の例

販売員のトークをサポートするチャットボットAIを作り受注率を高めたい

販売員のトークに活かせるように、お客様が試乗予約時に閲覧したHPの情報をまとめ提供し、受注率を高めたい

**インパクトの大きさ**

チャレンジ
テーマ

筋のいい
テーマ

**容易性**

筋の悪い
テーマ

積小為大
なテーマ

　最初、本社のマーケティング部のエライ人は「現場では当然やっているはずだ！」といった反応でしたが、販社のエライ人は、「それは面白い！　ありがたい」という反応でした。

　自動車ディーラーには、Web サイトの担当者はいました。しかも、非常に高価な Web アクセスログ解析ツールなどを導入していました。それにもかかわらず、Web アクセスログ解析ツールなどを操作し試乗予約時に閲覧した HP の情報をまとめるという作業はしていませんでした。

　本社のマーケティング部のエライ人が柔軟な人であったため、それほど説得に労力はかかりませんでした。テーマ選定マトリクスを見せながら説明し了承をもらい実施しました。了承をもらっただけでなく、本社から人財の提供を受けました。

　この事例は、開始2カ月はテーマ設定で紛糾し、次の1週間をかけてデータ収集や整備を進め、1週間ほどで現場に渡す Excel の「帳票」（レポート）のひな型を作成し、2週間でここまでの活動報告書のレポート作成と現場の実施計画書を作成しました。つまり、3カ月間かかりました。

最初、1つの店舗で実施し、やり方などを修正しながら Excel の帳票の見せ方を修正しました。順次対象店舗を広げ、その後全国に広げる計画です。

## 》 どうせなら、「筋のいいテーマ」でさくっと成果を出そう

最悪なのは「筋の悪いテーマ」で頑張ることです。どんなにアナリティクスで頑張っても、どんなにビジネス活用で頑張っても報われません。筋が悪いため、ビジネス成果が出にくいのです。

どうせなら、「筋のいいテーマ」でさくっと成果を出しましょう。「筋のいいテーマ」とは、**「実現が容易で、実現したときのインパクトが大きいテーマ」**です。少なくとも、「筋の悪いテーマ」は避けましょう。

繰り返しますが、データ分析・活用の最大の壁は「テーマ設定の壁」です。テーマ設定で失敗すると、アナリティクスやビジネス活用などで頑張っても徒労に終わる可能性が高いです。

最近はテクノロジーの発展で、「アナリティクスの壁」は他の壁よりも低くなっている印象があります。先ほども述べましたが、データサイエンスや機械学習などを教育する機関もありますし、ツールやサービス、書籍などもたくさんあります。

どのようなアナリティクスするのかは、どのようなテーマを設定するのかで決まります。

「ビジネス活用の壁」は、「テーマ設定の壁」の次に大きい壁ですが、ビジネス活用でそれなりの成果が出るかどうかもテーマ設定が大きく影響しています。現場で活用しにくかったり成果を出しにくかったりするテーマよりも、現場で活用されやすく成果の出やすいテーマのほうが、当然ながら現場で活用され成果が出やすいことでしょう。

テーマ設定さえ間違わなければ、アナリティクスや定着化などの頑張りが報われ、それなりの成果が出るはずです。データドリブンやアナリティクスなどのデータ分析・活用上の最大イシューは「テーマ設定」です。

Data
driven
sales

⌄

筋のいい「テーマ」
の見つけ方

# 1 » テーマ設定の考え方と流れ

## » テーマのタネは現場にある

　当たり前のことですが、データ分析・活用のテーマのタネは現場にあります。現場とは、データ分析・活用の現場です。経営の現場かもしれませんし、営業の現場かもしれませんし、マーケティングの現場かもしれません。

　データ分析者やデータサイエンティスト、機械学習エンジニアなどと称される人の中には、現場と接点を持ちたがらない人もいますが、現場を知る努力なくしてデータ分析・活用がうまくいくことはありません。

　実際に、現場の方とお話しすると、普段使っているワードが違いすぎて、会話がちぐはぐになるのはよくあることです。お互いに歩み寄る努力が必要です。しかし、現場が乗り気でないと、向こうから歩み寄ることはありません。どうすればいいでしょうか。こちらから歩み寄る必要が出てきます。しかし、歩み寄っただけでどうにかなるわけでもありません。

　このような場合、間を取り持つ人財がいると大変助かります。現場のことをよく知っているし、データ分析やデータサイエンスなどもある程度理解している人財です。端的にいうと **「翻訳者」** です。現場にいる人や経験者の中から、データ分析やデータサイエンスなどに興味のある方を育てるのがいいでしょう。

　可能であれば、データ分析者やデータサイエンティスト、機械学習エンジニアなどの組織のマネジャーの一人が、そのような間を取り持つ人財であると、スムーズにいく印象があります。話を聞いてもらうには、ある程度の権威や地位が必要だからです。

　いいたいことは、データ分析・活用のテーマのタネは現場にあるため、テーマ設定時も含め、現場とデータサイエンティストなどと、その間を取り持

つ翻訳者となる人財の3人4脚で進めるのが理想です。3人でやるというわけではなく、3つの役回りがあり、現場の人やデータサイエンティストなどは複数人になります。場合によっては、1人で複数の役回りを担うこともあります。

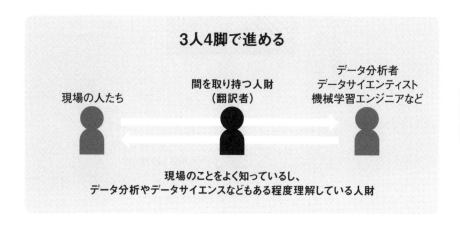

## » まずは、データのことは一切忘れてテーマを探す

「データ分析・活用をやるぞ！」となったとき、多くの人は「このデータで何ができるのか？」と考えがちです。データ分析・活用を実施するのですから、当然のように思えますが、あまりよろしくありません。

なぜならば、視野が狭くなりデータ活用の可能性を殺してしまうからです。「データの力をめいっぱい活用するテーマ」を探すことに注意が向き、「データの力を多少使うテーマ」を見過ごしてしまいます。

データ分析・活用のテーマの多くは、「データの力を多少使う」という感じで、データの力をめいっぱい活用するテーマは少ないものです。

実際、テーマを取り組むことで得られるインパクトの大きさ（例：利益など）と、データの力をどの程度を使うのかは、あまり関係ありません。データの力をめいっぱい活用するテーマの中にはインパクトの小さなテーマもありますし、データの力を多少使うテーマの中にはインパクトの大きなテーマもあります。

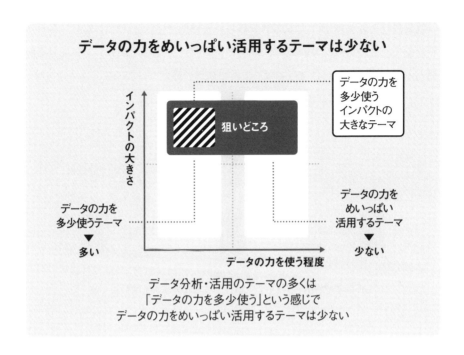

データの力をめいっぱい活用するテーマは少ない

データの力を
多少使う
インパクトの
大きなテーマ

狙いどころ

インパクトの大きさ

データの力を
多少使うテーマ
▼
多い

データの力を
めいっぱい
活用するテーマ
▼
少ない

データの力を使う程度

データ分析・活用のテーマの多くは
「データの力を多少使う」という感じで
データの力をめいっぱい活用するテーマは少ない

**データ分析・活用は、データの力をめいっぱい活用するために実施するのではありません**。データを使った継続的改善を実現し、その先にあるビジネス上の成果を得るために実施します。

テーマ設定するときは、まずはデータのことを一切忘れるところから始めましょう。ここで必要になるのは、データに詳しい人でも、データ分析やデータサイエンスのスキルの高い人でもありません。**問題意識の高い人**が求められます。

## ≫ 現場の「お困りごと」から始まる

ここで簡単に、テーマ設定の流れについて説明します。

テーマ設定の入口は、現場の**「お困りごと（問題）」**です。出口は、テーマ選定マトリクスを使ったテーマ候補の評価結果です。その評価結果をもとに優先順位付けを行ない、扱うテーマを選びます。

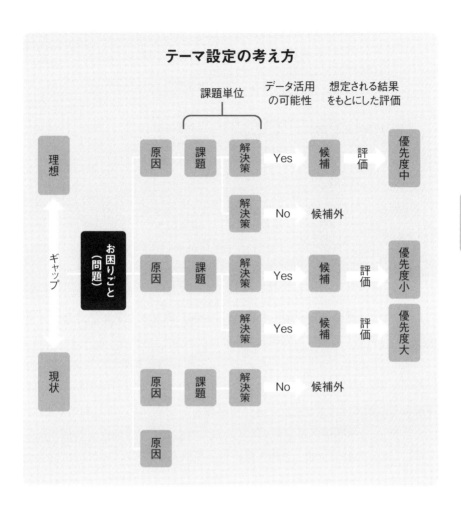

　現場の「お困りごと」といっても、今現在の「お困りごと」だけでなく、今後起こるかもしれない「お困りごと」も対象に入ります。さらに、ネガティブな状態を解消する「お困りごと」だけでなく、ネガティブな状態ではないけれど、よりポジティブな状態にすべきことも「お困りごと」と考えます。したがって、「お困りごと」は大きく次の4つに分類されます。

## 「お困りごと(問題)」の4タイプ

|  | 今のこと | 近未来のこと |
|---|---|---|
| 悪い状態を普通にする<br>(マイナス → 通常) | 今目の前にある<br>悪い状況を<br>解消したい | これから訪れる<br>であろう<br>悪い状況を<br>解消したい |
| 普通をよりよい状態にする<br>(通常 → プラス) | よりよい今を<br>実現したい | よりよい未来を<br>実現したい |

　ここでは、**「理想（To-Be）と現状（As-Is）のギャップが生まれている状態」** を「お困りごと」と定義します。

　現場の「お困りごと」と聞くと、どうしても今現在ネガティブな状態のものだけを考えがちですが、ギャップが生まれている状態を「お困りごと」と考えると、例えば「よりポジティブな状態にすべきこと」も「お困りごと」になります。「現状はうまくいっている。しかし、もっと高みを目指せるはずだ」といった感じです。目指す高みが「理想」です。

## 》「お困りごと」を数値でも表現する

　現場の「お困りごと」を「理想と現状のギャップが生まれている状態」といいましたが、これをさらに「数値」でも表現しましょう。

　例えば、「売上が想定よりも少ない」を「月間売上の理想は5億円なのに現状は4億円である」という感じで表現します。ギャップを数値で語らせるためには、「指標」が必要になります。この例ですと、「月間売上」が指標になります。

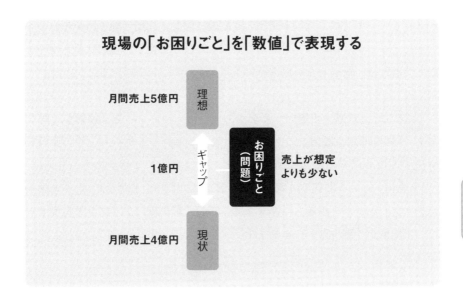

現場の「お困りごと」を「数値」で表現する

月間売上5億円　理想

1億円　ギャップ

売上が想定よりも少ない

お困りごと（問題）

月間売上4億円　現状

　このような指標を **KGI（Key Goal Indicator、重要目標達成指標）** と呼ぶこともあります。ビジネス成果を表す指標です。データ分析・活用の成果は、この指標で語らせます。テーマ選定マトリクスのインパクトの大きさを表す数値として採用してもいいでしょう。

　そのため、現場の「お困りごと」を考えるとき、「理想と現状のギャップ」を数値で表現する「指標」もあわせて考えましょう。この「指標」で、データ分析・活用の成果を評価します。

## 》「原因」の課題化

　現場の「お困りごと」には、何かしら「原因」があります。この「原因」に対処することによって、「お困りごと」をよりよい方向に持っていきます。「原因」には色々あります。「対処可能な原因」と、「対処困難な原因」があります。例えば、自然現象や政策的なものなどは「対処困難な原因」です。震災や消費増税を自社でコントロールすることはできません。震災や消費税増税を前提に、他の「対処可能な原因」で対処するしかありません。

　さらに、「対処可能な原因」にも、「対処する原因」と「対処しない原因」

があります。例えば、人手不足という原因に対し、採用活動を活発化しどうにかしようとするならば「対処する原因」となりますが、当面は手をつけないのであれば「対処しない原因」になります。

　ここでは、「対処する原因」を解決するためにやることを **「課題」** と呼びます。「対処可能な原因」の中から「対処する原因」を選択し、その原因を解決するためにやることを考えることを「課題化」と呼びます。例えば、「売上悪化」という問題の「原因」が「客単価の低下」の場合には、「客単価のアップ」などが「課題」になります。この「客単価のアップ」を実現するための施策が「解決策」になります。

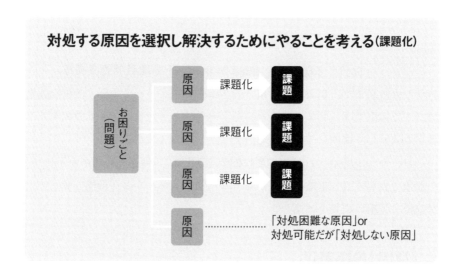

## ≫ テーマとは「課題単位」（課題と解決策の組み合わせ）である

　データを使い「課題」に取り組むわけですが、「課題」を見ただけではデータを使ったほうがいいのかどうかはわかりません。課題解決の手段である **「解決策」** を見ると、データを使ったほうがいいのかどうかがわかります。なぜならば、「解決策」の中身でデータを活用するかどうかが決まるからです。

そのため、同じ「課題」でも、「解決策」が異なると、データを活用したほうがいいかどうかが変わります。「解決策Ａ」ではデータを活用したほうがいいが、「解決策Ｂ」ではデータを活用する必要がない、といった具合です。

　ここでは、「課題」と「解決策」のセットを**「課題単位」**と呼びます。この「課題単位」がデータ分析・活用のテーマ候補になります。

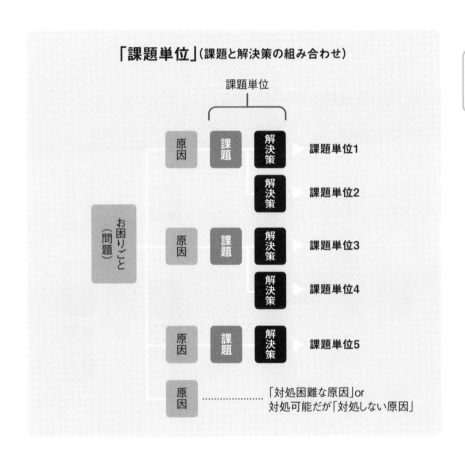

## 「課題単位」(課題と解決策の組み合わせ)

## 》》 テーマ(課題単位)の選定

「課題単位」(課題と解決策の組み合わせ)に対し、データを活用すべきかを考えます。データを活用することで、「解決策」がうまく運び、結果的に

課題解決につながるかどうかを検討するということです。

　ここで初めて「データ」のことを考えます。これより前の段階の「お困り
ごと」や「課題単位」などを考えるときには、データのことは一切忘れて進
めていきます。

「課題単位」に対し、データを活用すべきかを検討し、データを活用したほ
うがいい「課題単位」が**「テーマ候補」**です。データを活用する必要がなさ
そうであれば「テーマ候補」ではありません。

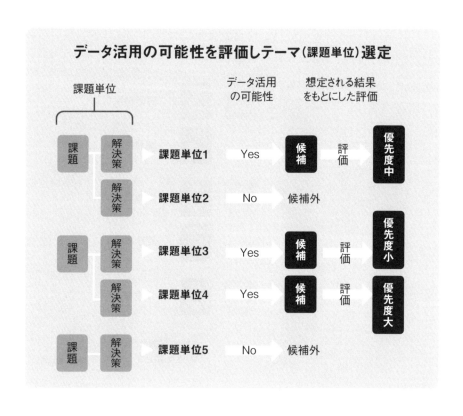

　それがすぐにできるような解決策であるならば、データを使う使わないに
関係なく、すぐにその解決策を実施し課題解決するといいでしょう。あくま
でも、データ分析・活用は手段に過ぎません。

「テーマ候補」が出そろったら、「容易性」と「インパクトの大きさ」の2

軸で評価し、テーマ選定マトリクスにプロットします。このプロットされた「テーマ候補」に対し、優先順位をつけていきます。優先度の高いものから取り組んでいきましょう。

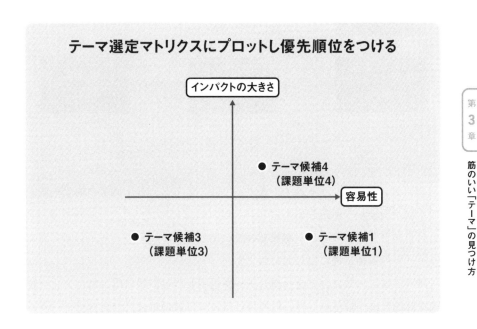

## ≫ テーマ設定の3ステップの概要

　今説明したように、データ分析・活用の3ステップ（テーマ設定・アナリティクス・ビジネス活用）の最初のステップであるステップ1の「テーマ設定」は、現場の「お困りごと」を起点に、テーマ候補を洗い出し評価しテーマを設定します。ステップ1の「テーマ設定」はさらに次の3ステップに分解されます。

● ステップ1−1　ドメイン選定
● ステップ1−2　テーマ候補の洗い出し
● ステップ1−3　フォーカステーマ選定

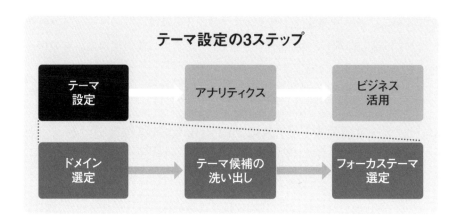

テーマ設定の3ステップ

　ステップ1−1の**「ドメイン選定」**では、データ分析・活用の場であるドメイン（現場）を選定します。

　ステップ1−2の**「テーマ候補の洗い出し」**では、そのドメインで実施するテーマの候補を洗い出していきます。

　ステップ1−3の**「フォーカステーマ選定」**では、洗い出されたテーマ候補を評価し優先順位をつけ、取り組むテーマ（課題単位）であるフォーカステーマを選びます。

　次項から、テンプレート化したワークシートを使いながら、具体的な進め方をステップ by ステップで説明していきます。

# 2 » ステップbyステップで進める 「テーマ設定」

## ステップ1−1 » ドメイン選定

テーマ設定は、まずドメイン（現場）選びから始まります。ドメインとは、もちろんデータ分析・活用の現場です。「部署」を選ぶというよりも「業務」を選ぶ、といった感覚に近いかもしれません。例えば、「新規顧客の獲得」業務を選ぶのか、「既存顧客の離反阻止」業務を選ぶのか、「既存顧客の取引額拡大」業務を選ぶのか、といった感じです。

もちろん、「部署」の視点からドメインを検討しもいいですが、必ず「業務」の視点を加えてください。例えば、「デジタルソリューション事業部の法人マーケティング部と営業部の新規顧客獲得」といった感じです。

データ分析・活用のターゲットとなるドメインをいくつか選んだら、次に、そのドメインの「状態遷移」や「プロセス」を明確にします。「状態遷移」と「プロセス」については、例とともに後ほど説明します。

ステップ1−1の「ドメイン選定」の流れは、次のようになります。

- 【1】 ドメイン候補の洗い出し
- 【2】 ドメインの状態遷移図の作成
- 【3】 ドメインの取捨選択

【1】の**「ドメイン候補の洗い出し」**では、現場（経営の現場、営業の現場、マーケティングの現場、調達の現場、生産の現場など）の「お困りごと」を列挙し、ドメイン候補を洗い出します。

【2】の「ドメインの状態遷移図の作成」では、ドメイン候補の「状態遷移図」と「プロセス図」を描きます。どちらから先に描いても構いません。一方をもとに他方を描けるからです。ざっくりしたもので構いません。

【3】の「ドメインの取捨選択」では、状態遷移図などが描けたドメイン候補の中から、データ分析・活用で成果を出すドメインを選定します。やりやすそうなドメインを選定するといいでしょう。

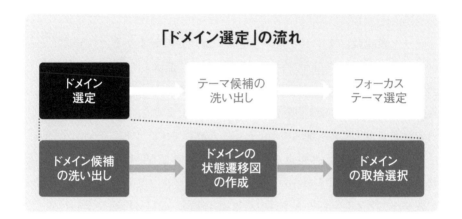

具体的な進め方を、例を使って説明していきます。このとき、次の2つのテンプレートを使います。

● ドメイン候補洗い出しシート
● 状態遷移図シート

「ドメイン候補洗い出しシート」は、次のような構成になっています。

# ドメイン候補洗い出しシート

| | | ドメイン候補1 | ドメイン候補2 | ドメイン候補3 |
|---|---|---|---|---|
| ①お困りごと（問題）は? | お困りごと（問題） | | | |
| ②誰が困っているの? | 困っているのは誰(ヒト or モノ) | | | |
| ③問題を表現する指標は? | 目標指標(KGI) | | | |
| ④今どうなってる（現状)? | As-Is | | | |
| ⑤どうなりたい（理想)? | To-Be | | | |
| ⑥で、ドメインはどの現場? | ドメイン(現場) | | | |
| ⑦その状態遷移図は描ける? | 状態遷移図(orプロセス図)を描けそうか? | ☐Yes ☐No → ドメイン候補を練り直しましょう | ☐Yes ☐No → ドメイン候補を練り直しましょう | ☐Yes ☐No → ドメイン候補を練り直しましょう |

「状態遷移図シート」は、次のような構成になっています。

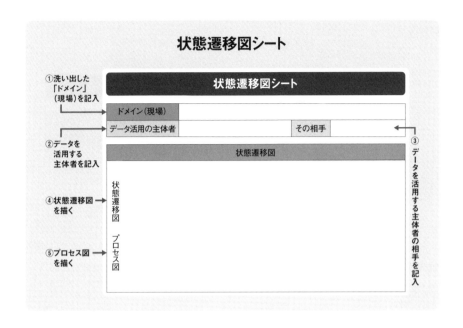

## 【1】ドメイン候補の洗い出し

### 「お困りごと(問題)」を書き出す

まず、現場(経営の現場、営業の現場、マーケティングの現場、調達の現場、生産の現場など)の「お困りごと」を考えていきます。

**「ドメイン候補洗い出しシート」**の**「お困りごと(問題)」**欄と**「困っているのは誰(ヒト or モノ)」**欄に記載します。多くの場合、困っているのはヒトかと思いますが、場合によってはモノの場合もあります。例えば、制御システムや AI などが、得られたデータをもとに判断し何をすべきかを意思決定することもあります。

### どんな現実と理想のギャップなのか目標指標(KGI)で表現

その「お困りごと」が、どのような現実と理想のギャップなのか目標指標で数値表現します。

「ドメイン候補洗い出しシート」の**「目標指標(KGI)」**欄と**「As-Is」**欄、**「To-Be」**欄に記載していきます。目標指標は、売上・コスト・利益・受注

## ドメイン候補を洗い出す

| | ドメイン候補 | |
|---|---|---|
| お困りごと（問題） | 「BIツールSIサービス」の新規顧客獲得がうまくいっていない。対応するリードが多すぎ、受注しても1、2年で解約され競合に奪われる | 現場のお困りごと（問題）を書き出す |
| 困っているのは誰（ヒト or モノ） | デジタルソリューション事業部 | |
| 目標指標（KGI） | 新規受注件数<br>取引年数の構成比 | 現場の目的から、そのお困りごとが、どのような現実と理想のギャップなのか目標指標（KGI）で表現する<br>※目標指標は、売上・コスト・利益・受注件数・LTVなどのPLに直結するものにする |
| As-Is | 新規受注件数：月間10件<br>取引年数：約50%が1年から2年間 | |
| To-Be | 新規受注件数：月間15件<br>取引年数：90%が3年間以上 | |
| ドメイン（現場） | 「デジタルソリューション事業部」の「BIツールSIサービス」の「新規顧客の獲得」 | お困りごとから、データ活用のドメイン（現場）を定義する |
| 状態遷移図（or プロセス図）を描けそうか？ | ☐ Yes<br>☐ No → ドメイン候補を練り直しましょう | |

件数・LTV などの PL（損益計算書）に直結するものにすることが多いです。このギャップを、データ分析・活用で、どうにかしていきます。

### ドメイン（現場）を定義

　ここまで記載した内容を整理し、「ドメイン候補洗い出しシート」の「**ドメイン（現場）**」欄に、データ分析・活用のターゲットとなるドメイン（現場）を端的に表現したものを記載します。多くの場合、「部署」「商材」「業務」の組み合わせになることでしょう。例えば、「デジタルソリューション事業部」の「BI ツール SI サービス」の「新規顧客の獲得」、といった具合です。ちなみに、BI とは「ビジネスインテリジェンス」、SI とは「システムインテグレート」のことです。

「ドメイン（現場）」欄に記載したデータ分析・活用のターゲットとなる「現場」を、「状態遷移図」もしくは「プロセス図」として描けそうかを検討し、描けそうであれば「ドメイン候補洗い出しシート」の**「状態遷移図（or**

プロセス図）を描けそうか？」欄の「Yes」にチェックを入れ、ドメイン候補とします。

「状態遷移図」と「プロセス図」がどういったものかは、次の「ドメインの状態遷移図の作成」で具体的に説明します。

## 【2】ドメインの状態遷移図の作成

### 「洗い出したドメイン」「データ活用の主体者」を記載

まず、「状態遷移図シート」の「ドメイン（現場）」欄と「データ活用の主体者（データ活用するヒト or モノ）」欄に、先ほど洗い出したドメインと「データ活用するヒト or モノ」を記載します。「ドメイン候補洗い出しシート」から転記するだけです。

### 「その相手」を記載

データ活用の主体者には、何かしら相手がいます。「状態遷移図シート」の「その相手」欄に、そのデータ活用の主体者の相手を記載します。

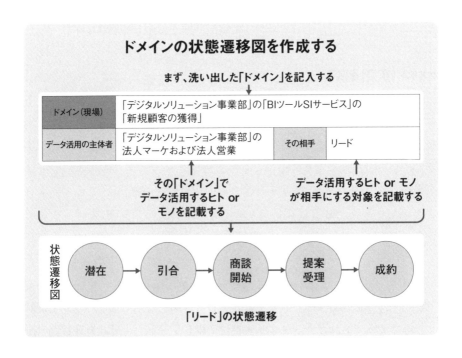

例えば、「デジタルソリューション事業部」の「BI ツール SI サービス」の「新規顧客の獲得」というドメインのデータ活用の主体者は「デジタルソリューション事業部」の「法人マーケティングおよび法人営業」です。この「法人マーケティングおよび法人営業」の相手は、「リード（見込み顧客)」になります。「リード」相手にデータ活用するからです。

## 「相手」の状態の遷移を「状態遷移図」として描く

データ活用の主体者である「デジタルソリューション事業部」の「法人マーケティングおよび法人営業」は、相手である「リード」の状態を変化させる業務を行なっています。この例ですと、ゴールは「成約」という状態にすることです。

「状態遷移図」とは、相手である「リード」の状態の遷移を図示化したものです。

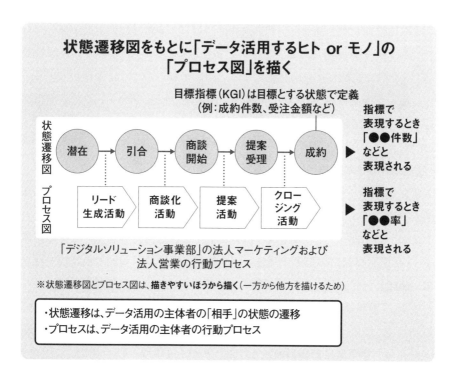

**状態遷移図をもとに「プロセス図」を描く**

「状態遷移図」とは、その名が示す通り「状態の遷移」を描いたものです。この遷移を促すのが、データ活用の主体者（データ活用するヒト or モノ）である「デジタルソリューション事業部」の「法人マーケティングおよび法人営業」です。

　データ活用の主体者（例：法人マーケティングおよび法人営業）が相手（例：リード）の遷移を促す活動を描いたのが「プロセス図」です。

**目標指標は「状態遷移図」のゴールの「状態」と関係したものが理想**

「状態遷移図」と「プロセス図」は、一方から他方を描けるため描きやすいほうから描き、一方を描いた後に他方を描くといいでしょう。

　この「状態遷移図」と「プロセス図」は、データ分析・活用の指標と密接に関係しています。

　目標指標ですが、通常は「状態遷移図」のゴールの「状態」と関係したものである必要があります。「ドメイン候補洗い出しシート」の「目標指標（KGI）」欄に記載したものと見比べ、違和感がないかどうかを確かめましょう。違和感がある場合には、「ドメイン候補洗い出しシート」の「目標指標（KGI）」欄に記載したものか、「状態遷移図」のどちらかを修正しましょう。

**「状態遷移図」の指標と「プロセス図」の指標**

「状態遷移図」と「プロセス図」は、指標の表現が異なります。「状態遷移図」の指標は「○○件数」などと表現されることが多いです。一方、「プロセス図」の指標は**「○○率」（○○レート）**などと表現されることが多いです。「状態遷移図」の指標を**「ストック指標」**、「プロセス図」の指標を**「フロー指標」**、「状態遷移図」の最終的な状態の指標を**「成果指標」**と呼んだりします。「成果指標」の中で最重視している指標が、**目標指標（KGI）**です。この「ストック指標」や「フロー指標」を**KPI（Key Performance Indicator、重要業績評価指標）**と呼ぶことがあります。

現場でデータ分析・活用の成果を測るとき、少なくとも３つの指標を見ていきます。目標指標と、データ分析・活用の対象となるプロセスの「フロー指標」、そのプロセスの結果が反映される「ストック指標」です。

データ分析・活用で直接変化するのは「フロー指標」（例：商談化率）です。その結果が波及し、「ストック指標」（例：商談開始件数）が変化し、最終的に「成果指標」（例：成約件数や受注金額）が変化します。そのことで、目標指標が目標とする数値に近づいていきます。

## 【3】ドメインの取捨選択

いくつかのドメインが洗い出されたら、現場の協力が得られやすく、データがありそうなドメインを選びましょう。

例えば、ドメイン選定時の３つの視点です。

- データ取得に関する容易性
- アナリティクスに関する容易性
- 現場活用に関する容易性

「データ取得に関する容易性」とは、**「データの取得や整備などがどれだけ容易か？」**ということです。「アナリティクスに関する容易性」とは、**「データの集計や分析、モデル構築などがどれだけ容易か？」**ということです。「現場活用に関する容易性」とは、**「現場で実際に活用し成果得るのがどれだけ容易か？」**ということです。

この３つの視点は、テーマ候補を評価するときの容易性を評価するときの視点と同じです。違いは、ドメイン選定時ということで、大雑把なざっくりした評価になるということです。感覚的な評価で構いません。ある程度きちんと評価し定量化しドメイン選定を行ないたい場合には、AHP法を使うといいでしょう。AHP法については後で説明します。

## ステップ1−2 ≫ テーマ候補の洗い出し

　ステップ1−1で選定したドメインの「お困りごと」（理想と現状にギャップが生じている状態）を生み出している「状況」、つまり **「あるべき姿を妨げている状況」** を描き、その状況を解決するための **「課題」** を考えていきます。

　それぞれの「課題」に対し「解決策」を立案し、その解決策を実施するときに役立つ情報（データから生成する予測値や集計など）を検討していきます。
　このようにして、データ分析・活用の **「テーマ候補」** を生成していきます。

　ステップ1−2の「テーマ候補の洗い出し」の流れは、次のようになります。

- ●【1】アクションの洗い出し
- ●【2】課題の抽出
- ●【3】テーマ候補の生成

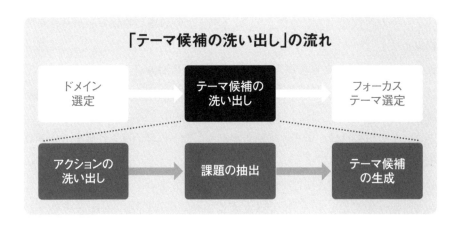

**「テーマ候補の洗い出し」の流れ**

　【1】の **「アクションの洗い出し」** では、ドメインの各プロセスで実施している施策や行動などのアクションを洗い出し記載します。
　【2】の **「課題の抽出」** では、各プロセスで起こっているファクト（事実）

をもとに、課題を抽出し記載します。

【3】の**「テーマ候補の生成」**では、課題に対し解決策を立案し、実施するときどのような情報（データから生成する予測値や集計など）が役立つかを考え、その情報を作るデータが何かまで考え記載します。そのデータが準備できそうかどうかを検討し、準備できそうであればその「課題単位」がテーマ候補となります。

　具体的な進め方を、例を使って説明していきます。このとき、次のテンプレートを使います。

● 課題抽出シート
● テーマ候補整理シート

「課題抽出シート」は、次のような構成になっています。

「テーマ候補整理シート」は、次のような構成になっています。

## 【1】アクションの洗い出し

　まず、ステップ1-1で描いた「状態遷移図」と「プロセス図」をもとに、「課題抽出シート」の**「状態」**欄と**「プロセス」**欄を埋めます。これで、各プロセスが分解された状態になります。

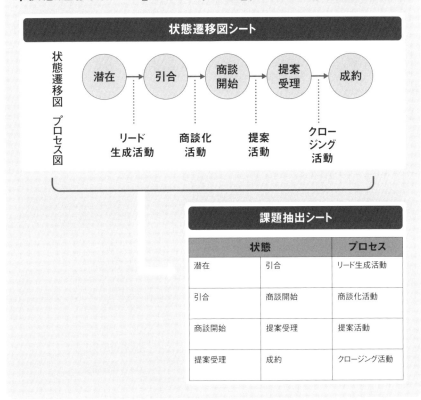

**「状態遷移図シート」をもとに「状態」「プロセス」の欄を埋める**

状態遷移図シート

状態遷移図 プロセス図

潜在 → 引合 → 商談開始 → 提案受理 → 成約

リード生成活動　商談化活動　提案活動　クロージング活動

課題抽出シート

| 状態 | | プロセス |
|---|---|---|
| 潜在 | 引合 | リード生成活動 |
| 引合 | 商談開始 | 商談化活動 |
| 商談開始 | 提案受理 | 提案活動 |
| 提案受理 | 成約 | クロージング活動 |

「課題抽出シート」の**「実施しているアクション」**欄に、各プロセスで現場が実施している施策や行動などのアクションを洗い出し記載します。現場経験がないと記載が難しいため、現場に対する知見がない場合には、現場にヒアリングをするか記載してもらうほうがいいでしょう。

### 【2】課題の抽出

現場で、施策や行動などのアクションを起こせば、何かが起こります。その起こった何かの中に課題のタネがあります。起こっているファクトを、「課題抽出シート」の**「ファクト」**欄に記載していきましょう。

ファクトには、定量的ファクトと定性的ファクトがあります。データなど

を集計し数値で表現できる定量的なファクトは、できる限り数値で表現しましょう。定性的なファクトは、現場を見に行き行動観察したりヒアリングしたりすることで明らかにしていきます。現場の方が記載しても構いません。

　様々なファクトが洗い出され、ファクトの整理が必要になります。似たようなファクトを集約したり、1つのファクトを細分化したり、色々な作業が発生します。

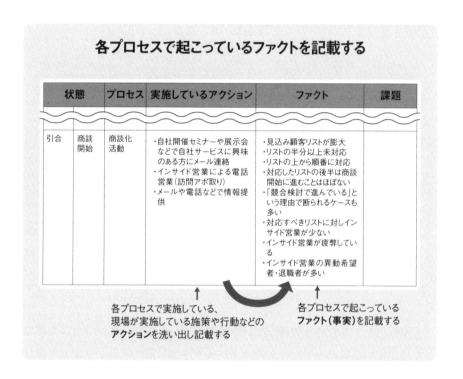

**各プロセスで起こっているファクトを記載する**

| 状態 | プロセス | 実施しているアクション | ファクト | 課題 |
|---|---|---|---|---|
| 引合 | 商談開始 | 商談化活動 | ・自社開催セミナーや展示会などで自社サービスに興味のある方にメール連絡<br>・インサイド営業による電話営業(訪問アポ取り)<br>・メールや電話などで情報提供 | ・見込み顧客リストが膨大<br>・リストの半分以上未対応<br>・リストの上から順番に対応<br>・対応したリストの後半は商談開始に進むことはほぼない<br>・「競合検討で進んでいる」という理由で断られるケースも多い<br>・対応すべきリストに対しインサイド営業が少ない<br>・インサイド営業が疲弊している<br>・インサイド営業の異動希望者・退職者が多い | |

各プロセスで実施している、
現場が実施している施策や行動などの
**アクション**を洗い出し記載する

各プロセスで起こっている
**ファクト(事実)**を記載する

　ファクトは、**「ポジティブなファクト」**と**「ネガティブなファクト」**、**「そのどちらでもないファクト」**に分かれます。問題の「原因」は、「ネガティブなファクト」が絡んでいることが多いです。

　さらに、ファクトは**「原因寄りのファクト」**と**「結果寄りのファクト」**に分かれます。目につきやすいのは「結果寄りのファクト」ですが、解決すべきは「原因寄りのファクト」です。そう考えると、「ネガティブな原因寄りのファクト」が「原因」と考えられそうです。

しかし、ネガティブかどうかは「原因寄りのファクト」を見ただけではわからず、関連した「結果寄りのファクト」とセットで見ないと、ネガティブなのかどうか判断がつかないケースが多々あります。

例えば、「原因寄りのファクト」である「見込み顧客リストが膨大である」というファクトは、ポジティブにも受け取れますし、ネガティブにも受け取れます。ここで、「インサイド営業が疲弊している」という「結果寄りのファクト」があると、「見込み顧客リストが膨大である」というファクトは、「ネガティブなファクト」であろうと判断できます。仮に、「有望な見込み顧客が獲得できている」というポジティブな「結果寄りのファクト」があった場合、「見込み顧客リストが膨大である」というファクトは「ポジティブなファクト」と解釈されるかもしれません。

そのため、「原因寄りのファクト」がネガティブかどうかは、「結果寄りの

「原因系ファクト→結果系ファクト」で
「あるべき姿を妨げている状況」を描写

| 原因系 | 結果系 | | あるべき姿を妨げている状況 |
|---|---|---|---|
| リストの上から順番に対応 | 対応したリストの後半は商談開始に進むことはほぼない | 「競合検討で進んでいる」という理由で断られるケースも多い | リストの上から順番に対応、その結果有望な見込み顧客を取り逃がしている |
| 対応すべきリストに対しインサイド営業が少ない | インサイド営業が疲弊している | インサイド営業の異動希望者や退職者が多い | 対応すべきリストに対しインサイド営業が少ないため、インサイド営業が疲弊し異動希望者や退職者が多い |
| 見込み顧客リストが膨大 | 対応したリストの後半は商談開始に進むことはほぼない | インサイド営業が疲弊している | 見込み顧客リストが膨大なため、対応しきれず有望な見込み顧客を取り逃がし、インサイド営業を疲弊させている |

ファクト」があるとわかりやすくなります。もちろん、明らかにネガティブな「原因寄りのファクト」も存在します。明らかにネガティブな「原因寄りのファクト」でも、その結果どういった「ネガティブなファクト」があるのかを明示化したほうが、どのような「原因」なのか理解しやすいでしょう。

ここでは「原因寄りのファクト→結果寄りのファクト」という感じでファクトをつなげたものを**「あるべき姿を妨げている状況」**と表現します。「あるべき姿を妨げている状況」を解決するためにするべきことが「課題」です。

先ほど、「原因」を解決するためにやることを「課題」と説明しましたが、ここでは「原因」である「原因寄りのファクト」だけで考えるのではなく、「結果寄りのファクト」を絡めたストーリー仕立てにした「あるべき姿を妨げている状況」に対して「課題」を考えていきます。

「あるべき姿を妨げている状況」を描いたら「課題」を考え、この「あるべき姿を妨げている状況」と絡め**「課題描写」**します。

## 「課題描写」の仕方

課題：あるべき姿を妨げている状況を解決するためにやること

| あるべき姿を妨げている状況 | | 課題 | | 「状況⇒課題」で「課題描写」 |
|---|---|---|---|---|
| リストの上から順番に対応、その結果有望な見込み顧客を取り逃がしている | 課題化 | 有望な見込み顧客を取り逃さないようにする | 整理 | 「リストの上から順番に対応、その結果有望な見込み顧客を取り逃がしている」ので「有望な見込み顧客を取り逃さないようにする」 |
| 対応すべきリストに対しインサイド営業が少ないため、インサイド営業が疲弊し異動希望者や退職者が多い | 課題化 | 人員を増やす | 整理 | 「対応すべきリストに対しインサイド営業が少ないため、インサイド営業が疲弊し異動希望者や退職者が多い」ので「人員を増やす」 |
| 見込み顧客リストが膨大なため、対応しきれず有望な見込み顧客を取り逃がし、インサイド営業を疲弊させている | 課題化 | 有望な見込み顧客を獲得しやすい自社イベントに絞って開催する | 整理 | 「見込み顧客リストが膨大なため、対応しきれず有望な見込み顧客を取り逃がし、インサイド営業を疲弊させている」ので「有望な見込み顧客を獲得しやすい自社イベントに絞って開催する」 |

例えば、「リストの上から順番に対応、その結果有望な見込み顧客を取り逃がしている」という「あるべき姿を妨げている状況」に対し、「有望な見込み顧客を取り逃さないようにする」という「課題」を考えたとします。このとき「課題描写」は、「『リストの上から順番に対応、その結果有望な見込み顧客を取り逃がしている』ので『有望な見込み顧客を取り逃さないようにする』」となります。**「状況⇒課題」という流れ**です。

　どういった状況の課題なのかを、わかりやすくするためです。

　この「課題描写」を、**「課題」**欄に記載します。

　洗い出されたファクトの量が少ない場合には、頭の中だけで整理し課題を定義できますが、多くなってくると難しくなってくるので、何かしら工夫が

## 「状況⇒ 課題」で「課題描写」したものを記載する

| 状態 | プロセス | | 実施している<br>アクション | ファクト | 課題 |
|---|---|---|---|---|---|
| 引合 | 商談<br>開始 | 商談化<br>活動 | ・自社開催セミナーや展示会などで自社サービスに興味のある方にメール連絡<br>・インサイド営業による電話営業（訪問アポ取り）<br>・メールや電話などで情報提供 | ・見込み顧客リストが膨大<br>・リストの半分以上未対応<br>・リストの上から順番に対応<br>・対応したリストの後半は商談開始に進むことはほぼない<br>・「競合検討で進んでいる」という理由で断られるケースも多い<br>・対応すべきリストに対しインサイド営業が少ない<br>・インサイド営業が疲弊している<br>・インサイド営業の異動希望者・退職者が多い | ・「リストの上から順番に対応、その結果有望な見込み顧客を取り逃がしている」ので**「有望な見込み顧客を取り逃さないようにする」**<br><br>・「対応すべきリストに対しインサイド営業が少ないため、インサイド営業が疲弊し異動希望者や退職者が多い」ので**「人員を増やす」**<br><br>・「見込み顧客リストが膨大なため、対応しきれず有望な見込み顧客を取り逃がし、インサイド営業を疲弊させている」ので**「有望な見込み顧客を獲得しやすい自社イベントに絞って開催する」** |

必要になります。例えば、ファクトを整理し課題を考えるとき、**デマテル（DEMATEL）** という手法を使うといいでしょう。デマテル（DEMATEL）については、本章3項で説明します。

### 【3】テーマ候補の生成

まず、抽出した「課題」を、「テーマ候補整理シート」の**「課題」**欄に転記します。

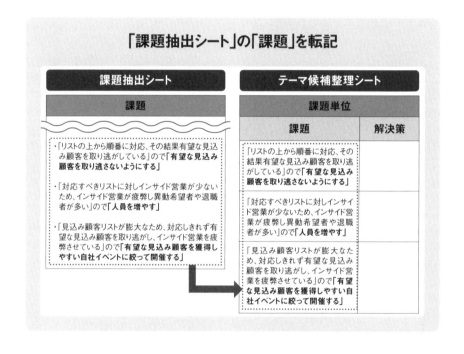

記載した「課題」に対し**「解決策」**を立案し、記載します。「誰が何をすればいいのか」がわかる程度にします。そのため、「誰（データ活用するヒト or モノ）」欄に、その解決策を実施するヒトやモノを記載してください。

1つの「課題」に対し1つの「解決策」である必要はありません。1つの「課題」に対し複数の「解決策」がある場合には、行を分けて次の行に記載します。

## 各課題に対する解決策を記載

| 課題単位 | | 誰<br>(データ活用するヒト or モノ) |
|---|---|---|
| 課題 | 解決策 | |
| 「リストの上から順番に対応、その結果有望な見込み顧客を取り逃がしている」ので「**有望な見込み顧客を取り逃さないようにする**」 | 継続契約年数が3年以上になる見込み顧客を優先し対応する | デジタルソリューション事業部のインサイド営業 |
| 「対応すべきリストに対しインサイド営業が少ないため、インサイド営業が疲弊し異動希望者や退職者が多い」ので「**人員を増やす**」 | インサイド営業の人数を3倍にする | デジタルソリューション事業部のインサイド営業担当部署の部長 |
| 「見込み顧客リストが膨大なため、対応しきれず有望な見込み顧客を取り逃がし、インサイド営業を疲弊させている」ので「**有望な見込み顧客を獲得しやすい自社イベントに絞って開催する**」 | 受注確度の高い自社イベントを優先し、開催回数を減らす | デジタルソリューション事業部のイベント開催の担当者 |

各課題に対し**解決策**を記載する。**誰が何をすればいいのか**がわかる程度にする
1つの課題に対し複数の解決策がある場合には、行を分けて記載する

その「解決策」を実施するときに、どのような情報（データから生成する予測値や集計など）が役立つかを考え、**「課題解決に役立つ情報（予測値や集計値など）」**欄に記載します。慣れていないと、何を記載すればいいのか迷うかと思いますので、後でそのあたりの説明をします。

その情報を作るのに必要なデータは何かを考え、**「情報を作るのに必要なデータ」**欄に記載します。さらに、そのデータを準備できそうかも考え、準備できそうであれば**「データの有無（テーマ候補の可否）」**欄の「準備できそう」のチェックボックスにチェックします。現段階では、厳密である必要はありません。「このようなデータが必要そうだ、たぶんありそうだ」くらいの感覚で十分です。

データを準備できそうな**「課題単位」**が「テーマ候補」となります。

## 情報を作るのに必要なデータを記載し、準備できそうかも考え検討する

| 課題単位 | | 誰<br>(データ活用する<br>ヒト or モノ) | 課題解決に<br>役立つ情報<br>(予測値や<br>集計値など) | 情報を作るのに<br>必要な<br>データ | データの有無<br>(テーマ候補<br>の可否) |
|---|---|---|---|---|---|
| 課題 | 解決策 | | | | |
| 「リストの上から順番に対応、その結果有望な見込み顧客を取り逃がしている」ので「有望な見込み顧客を取り逃さないようにする」 | 継続契約年数が3年以上になる見込み顧客を優先し対応する | デジタルソリューション事業部のインサイド営業 | ・受注率の予測値<br>・継続契約年数の予測値<br>・受注金額の予測値 | ・受注履歴データ<br>・顧客属性データ<br>・リードリスト(見込み顧客リスト)データ | ☑ 準備できそう |

解決策を実施するときに、どのような**情報**が役立つかを考え記載する

その情報を作るのに必要な**データ**は何かを考え、そのデータを**準備できそう**かも考え記載する。データを準備できそうな「**課題単位**」が**テーマ候補**となる

## ステップ1−3 ≫ **フォーカステーマ選定**

　抽出したテーマ候補である「課題単位」に対し、「容易性」と「インパクトの大きさ」を評価し、取り組む「課題単位」であるフォーカステーマを決定します。

　ステップ1−3の「フォーカステーマ選定」の流れは、次のようになります。

- ●【1】テーマ候補の情報整理
- ●【2】テーマ候補の評価
- ●【3】テーマ候補の優先順位付け

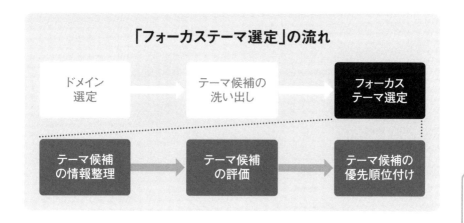

**「フォーカステーマ選定」の流れ**

ドメイン選定 → テーマ候補の洗い出し → フォーカステーマ選定

テーマ候補の情報整理 → テーマ候補の評価 → テーマ候補の優先順位付け

【1】の**「テーマ候補の情報整理」**では、テーマ候補となる「課題単位」に関する情報を整理します。

【2】の**「テーマ候補の評価」**では、テーマ候補である「課題単位」に対し、「容易性」と「インパクト」の評価を実施し、テーマ選定マトリクスにプロットします。

【3】の**「テーマ候補の優先順位付け」**では、テーマ選定マトリクスにプロットした「課題単位」に対し優先順位をつけ、取り組む「課題単位」であるフォーカステーマを決定します。フォーカステーマは複数でも構いません。

　具体的な進め方を、例を使って説明していきます。このとき、次のテンプレートを使います。

● テーマ（課題単位）評価シート

「テーマ（課題単位）評価シート」は、次のような構成になっています。

113

# テーマ（課題単位）評価シート

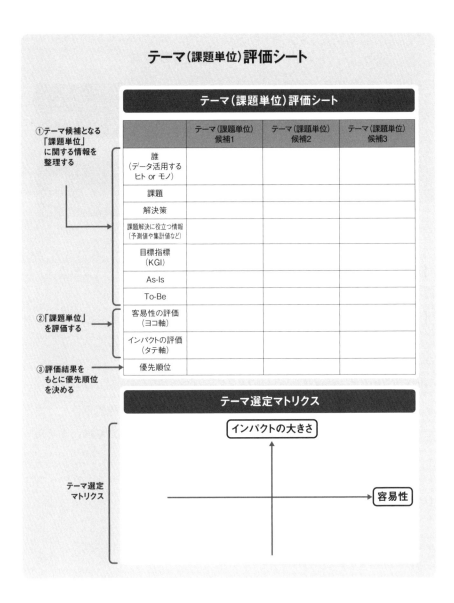

| | テーマ（課題単位）<br>候補1 | テーマ（課題単位）<br>候補2 | テーマ（課題単位）<br>候補3 |
|---|---|---|---|
| 誰<br>（データ活用する<br>ヒト or モノ） | | | |
| 課題 | | | |
| 解決策 | | | |
| 課題解決に役立つ情報<br>（予測値や集計値など） | | | |
| 目標指標<br>（KGI） | | | |
| As-Is | | | |
| To-Be | | | |
| 客易性の評価<br>（ヨコ軸） | | | |
| インパクトの評価<br>（タテ軸） | | | |
| 優先順位 | | | |

①テーマ候補となる
「課題単位」
に関する情報を
整理する

②「課題単位」
を評価する

③評価結果を
もとに優先順位
を決める

**テーマ選定マトリクス**

テーマ選定
マトリクス

インパクトの大きさ

容易性

## 【1】テーマ候補の情報整理

先ほど作成した「テーマ候補整理シート」の内容を、**「テーマ（課題単位）評価シート」**の**「誰」**欄および**「課題」**欄、**「解決策」**欄、**「情報解決に役立つ情報」**欄に転記します。

そして、最初に作成した「ドメイン候補洗い出しシート」の内容を、**「目標指標」** 欄および **「As-Is」** 欄、**「To-Be」** 欄に転記します。

## 「テーマ候補整理シート」をもとに「テーマ(課題単位)評価シート」を埋める

### テーマ候補整理シート

| 課題 単位 | | 誰 (データ活用する ヒト or モノ) | 課題解決に 役立つ情報 (予測値や 集計値など) | 情報を作るのに 必要な データ | データの有無 (テーマ候補 の可否) |
|---|---|---|---|---|---|
| 課題 | 解決策 | | | | |
| リストの上から順番に対応、その結果有望な見込み客を取り逃がしている」ので「**有望な見込み顧客を取り逃さないようにする**」 | 継続契約年数が3年以上になる見込み顧客を優先し対応する | デジタルソリューション事業部のインサイド営業 | ・受注率の予測値<br>・継続契約年数の予測値<br>・受注金額の予測値 | ・受注履歴データ<br>・顧客属性データ<br>・リードリスト(見込み顧客リスト)データ | ☑準備できそう |

### ドメイン候補洗い出しシート

| | ドメイン候補 |
|---|---|
| お困りごと (問題) | 「BIツールSIサービス」の新規顧客獲得がうまくいっていない。対応するリードが多すぎ、受注しても1、2年で解約され競合に奪われる |
| 困っているのは誰 (ヒト or モノ) | デジタルソリューション事業部 |
| 目標指標 (KGI) | 新規受注件数<br>取引年数の構成比 |
| As-Is | 新規受注件数：月間10件<br>取引年数：約50%が1年から2年間 |
| To-Be | 新規受注件数：月間15件<br>取引年数：90%が3年間以上 |
| ドメイン (現場) | 「デジタルソリューション事業部」の「BIツールSIサービス」の「新規顧客の獲得」 |
| 状態遷移図 (or プロセス図) を描けそうか? | ☐ Yes<br>☐ No → ドメイン候補を練り直しましょう |

### テーマ(課題単位)評価シート

| | テーマ(課題単位)候補 1 |
|---|---|
| 誰 (データ活用 するヒト or モノ) | デジタルソリューション事業部のインサイド営業 |
| 課題 | 「リストの上から順番に対応、その結果有望な見込み顧客を取り逃がしている」ので「**有望な見込み顧客を取り逃さないようにする**」 |
| 解決策 | 継続契約年数が3年以上になる見込み顧客を優先し対応する |
| 課題解決に 役立つ情報 (予測値や 集計値など) | ・受注率の予測値<br>・継続契約年数の予測値<br>・受注金額の予測値 |
| 目標指標 (KGI) | 新規受注件数<br>取引年数の構成比 |
| As-Is | 新規受注件数：月間10件<br>取引年数：約50%が1年から2年間 |
| To-Be | 新規受注件数：月間15件<br>取引年数：90%が3年間以上 |

## 【2】テーマ候補の評価

「課題単位」に対し、**「容易性」** と **「インパクトの大きさ」** の評価を実施します。

# 「容易性」と「インパクトの大きさ」の評価を実施する

「課題単位」に対し、「容易性」と「インパクトの大きさ」の評価を実施し、**テーマ選定マトリクス**にプロットします
**※理想は「数値表現」**

| | テーマ（課題単位）候補　1 |
|---|---|
| 誰<br>（データ活用する<br>ヒト or モノ） | デジタルソリューション事業部のインサイド営業 |
| 課題 | 「リストの上から順番に対応、その結果有望な見込み顧客を取り逃がしている」ので「**有望な見込み顧客を取り逃さないようにする**」 |
| 解決策 | 継続契約年数が3年以上になる見込み顧客を優先し対応する |
| 課題解決に役立つ情報<br>（予測値や集計値など） | ・受注率の予測値<br>・継続契約年数の予測値<br>・受注金額の予測値 |
| 容易性の評価<br>（ヨコ軸） | 容易性：やや容易 |
| インパクトの評価<br>（タテ軸） | インパクト：大 |
| 優先順位 | |

その評価結果をもとに、テーマ候補である「課題単位」を「**テーマ選定マトリクス**」にプロットします。

先ほど述べたように、「容易性」は「データ取得に関する容易性」「アナリティクスに関する容易性」「現場活用に関する容易性」の3つの観点で評価するといいでしょう。「インパクト」は「売上アップ」「売上ダウン」「コストアップ」「コストダウン」の4つの金額で評価するといいでしょう。

ただ、厳密に評価しようとすると大変ですし、そもそも厳密に評価できない場合もあります。特に、「容易性」の評価はどうしても主観的な評価になりがちです。

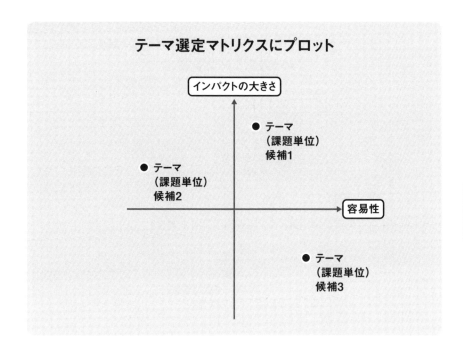

テーマ選定マトリクスにプロット

インパクトの大きさ

● テーマ
（課題単位）
候補1

● テーマ
（課題単位）
候補2

容易性

● テーマ
（課題単位）
候補3

　主観的な評価を定量化する分析手法があります。**一対比較法**です。テーマ
候補同士を対で比較評価します。今回のように評価の観点が複数ある場合に
は、一対比較法をベースにした **AHP（Analytic Hierarchy Process、階層
的意思決定法）** という分析手法を用います。もちろん、「インパクトの大き
さ」の評価で利用しても構いません。「インパクト」の評価では、AHP では
なく一対比較で十分かと思います。AHP については後ほど説明します。

### 【3】テーマ候補の優先順位付け

「テーマ選定マトリクス」にプロットした「課題単位」に対し優先順位付け
します。後ほど説明する AHP や一対比較法を使って優先順位をつけていき
ます。

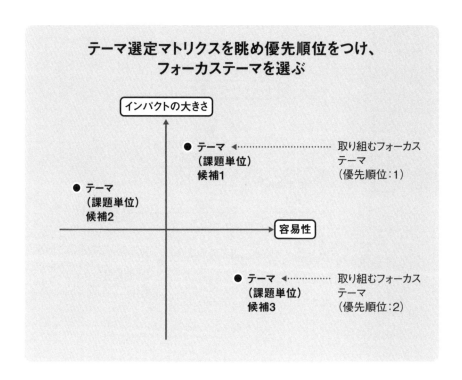

決めた優先順位を「優先順位」欄に記載します。

　ここでは、取り組む「課題単位」であるテーマを**「フォーカステーマ」**と表現します。

　このフォーカステーマですが、複数でも構いません。選んだテーマが、その後の検討でドロップアウトすることがあります。ドロップアウトする理由として、例えば実現不可能だった、データを取得できる見込みがまったくなかった、現場から完全拒否され進めるのが困難になった、エライ人の方針変換で今後取り組むテーマとしてふさわしいと判断されなくなった、など色々な理由があります。

## 決めた優先順位を記載する

| | テーマ（課題単位）候補 1 |
|---|---|
| 誰<br>（データ活用する<br>ヒト or モノ） | デジタルソリューション事業部のインサイド営業 |
| 課題 | リストの上から順番に対応、その結果有望な見込み顧客を取り逃がしている」ので「**有望な見込み顧客を取り逃さないようにする**」 |
| 解決策 | 継続契約年数が3年以上になる見込み顧客を優先し対応する |
| 課題解決に役立つ情報<br>（予測値や集計値など） | ・受注率の予測値<br>・継続契約年数の予測値<br>・受注金額の予測値 |
| 容易性の評価<br>（ヨコ軸） | 容易性：やや容易 |
| インパクトの評価<br>（タテ軸） | インパクト：大 |
| 優先順位 | 1 |

テーマ選定マトリクスを眺め決めた優先順位を記載する

# 3 » 「テーマ設定」時に実施する データ分析

## » 「テーマ設定」時のデータ分析

データ分析・活用の準備段階で、ある程度のデータ分析が必要になります。例えば、**「テーマ設定」時のデータ分析**です。他には、「データ整備」時などで実施するデータ分析もあります。もちろん、「モデル構築」時にもあります。

「テーマ設定」時のデータ分析の場面として、例えば次のようなものがあります。

- 「ステップ1−1　ドメイン選定」の「【1】ドメイン候補の洗い出し」時の目標指標を検討し計算する場面
- 「ステップ1−1　ドメイン選定」の「【3】ドメインの取捨選択」時のドメイン候補の容易性評価をする場面
- 「ステップ1−2　テーマ候補洗い出し」の「【2】課題の抽出」時のアクションを洗い出し整理する場面
- 「ステップ1−2　テーマ候補洗い出し」の「【2】課題の抽出」時のファクトを出す場面
- 「ステップ1−2　テーマ候補洗い出し」の「【2】課題の抽出」時のファクトから課題を抽出する場面
- 「ステップ1−3　フォーカステーマ選定」の「【2】テーマ候補の評価」時のテーマ候補を評価する場面
- 「ステップ1−3　フォーカステーマ選定」の「【3】テーマ候補の優先順位付け」時のテーマ候補の優先順位をつける場面

他にも色々あるかもしれません。たくさんあるように見えますが、ハイレベルなデータ分析技術が必要なわけではありません。状況把握や現状整理などのためのブレインワーク主体の分析になります。分析ツールを使いごりごり分析するというよりも、頭をフル回転させてうんうん唸りながら分析する感じです。

また、データ分析そのものをするわけではありませんが、「ステップ1−2　テーマ候補洗い出し」の「【3】テーマ候補の生成」時の「解決策を実施するときに役立つ情報」（データから生成する予測値や集計など）を考えるとき、データ分析や数理モデルの知識や経験がある程度は必要になります。それがないと、「解決策を実施するときに役立つ情報」として、どのような予測値や集計などが必要なのかを考えることができません。次項でお話しします。

## 》 定量分析と定性分析

データ分析といっても、量的データを扱う**「定量分析」**と、そうではない**「定性分析」**があります。多くの方がイメージするデータ分析は、量的データを扱う「定量分析」でしょう。
「定性分析」は、数値で表されない情報も含めて相手にします。「定量分析」だけでは把握できない、物事の構造やメカニズムなどを洞察するために用います。なぜならば、量的データが発生しているのは、この世の中の一部分の事象のことでしかないからです。

「定性分析」は、ある種の思考法といえるかもしれません。例えば、ロジカルシンキングやクリティカルシンキング、シナリオシンキングなど、○○シンキングと言われる思考法を使います。このとき、ある種のフレームワークに沿って「定性分析」を実施することが多いです。例えば、PEST分析や5Forces分析、SWOT分析、7S分析、VRIO分析、PPM分析などです。

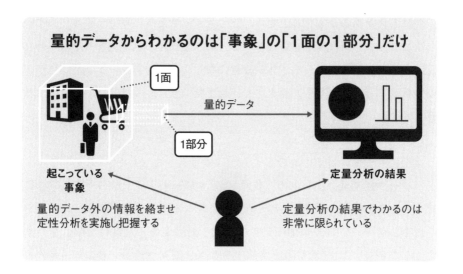

量的データからわかるのは「事象」の「1面の1部分」だけ

1面

量的データ

1部分

起こっている
事象

量的データ外の情報を絡ませ
定性分析を実施し把握する

定量分析の結果

定量分析の結果でわかるのは
非常に限られている

要は、「定量分析」と「定性分析」は、データ分析の両輪です。「定量分析」は扱える対象範囲が狭すぎますが、数値で表現されわかりやすくかつある程度の客観性も付与されます。「定性分析」は、数値に基づく分析でないため、分析者の主観が入りやや客観性に欠けますが、数値にとらわれないために俯瞰的な分析ができたり柔軟な分析ができたり、さらには数値の裏側にある現象理解などに役立ちます。

「テーマ設定」時のデータ分析は、どちらかというと「定性分析」がメインになることでしょう。「テーマ設定」時に、テーマを決めるための量的データが既に集まっているケースが少ないからです。そのため、メインは「定性分析」で、量的データが蓄積され時間的余裕もあるならば「定量分析」をするのがいいでしょう。

## 》QC7つ道具レベルのデータ分析技術で十分

この「テーマ設定」時のデータ分析で、ハイレベルなデータ分析技術を使ってもいいですが、ここでは比較的難易度の低いデータ分析技術を紹介します。

ここで紹介するのは、**QC 7つ道具**です。恐らく、「テーマ設定」時のデータ分析の多くは、これで事足ります。QC 7つ道具の中には、定量分析と定性分析の両方の道具があります。

　しかし、QC 7つ道具さえ知っていれば十分かといえば、そうでもありません。プラスアルファとして、DEMATEL法とAHP法も紹介します。定性分析の道具です。

　QC 7つ道具は、元々は品質管理（QC）で利用されていた分析技術です。数理統計学やデータ分析、機械学習などの専門家でない現場の人が使っているものです。このQC 7つ道具には、新QC 7つ道具というものもあり、実際は14の道具から構成されています。人によって、14の道具の種類は若干異なります。

　ここでは、よく使う次の8つの道具について、簡単に説明していきます。

- ヒストグラム
- 管理図
- 散布図
- パレート図
- 特性要因図
- 親和図法
- 系統図法
- マトリクスデータ解析法

　ヒストグラムや管理図、散布図、パレート図、マトリクスデータ解析法は、どちらかというと定量分析の道具に分類されます。「テーマ設定」時よりは「データ整備」時の基礎分析などでおおいに使います。もちろん、「テーマ設定」時にそれなりの量的データがあれば、これらの道具を使い分析することもあります。

　ちなみに、マトリクスデータ解析法では、**「多変量解析」**という数理統計学的なデータサイエンス技術を使います。多変量解析で登場する線形回帰モ

デルやロジスティック回帰モデルなどは、今後構築する数理モデルの候補にもなりえます。

特性要因図は、別名**「フィッシュボーンチャート」（魚の骨図）**と呼ばれるものです。次項でも紹介します。

この特性要因図は、どちらかというと定性分析の道具に分類されます。

親和図法と系統図法は、「テーマ設定」時に一番活躍する定性分析の道具です。ブレインワーク主体の脳みそを非常に酷使する道具です。ドメイン候補やアクション、ファクト、課題などを洗い出したり整理したりまとめたりするときに活用します。

ちなみに、系統図は別名「ロジックツリー」と呼ばれます。

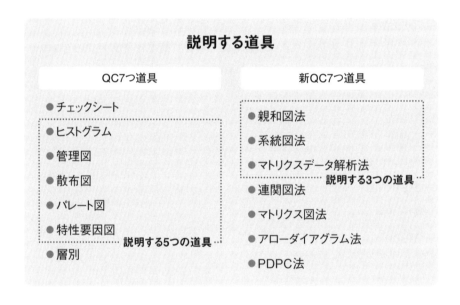

それぞれについて、簡単に説明していきます。QC 7つ道具も新QC 7つ道具も、多くの書籍がありますので、詳しく知りたい方はそちらを参考にしていただければと思います。

## ヒストグラム

ヒストグラムとは、横軸に階級、縦軸に度数を取った棒グラフで、データ

の分布を視覚的に捉えることができます。

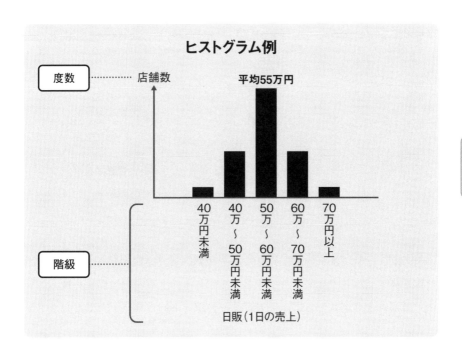

ヒストグラムを描くとき、あわせて平均値や標準偏差（もしくは分散、分散は標準偏差を2乗したもの）、最大値、最小値などの統計学的な指標を計算します。

このようにヒストグラムは、「テーマ設定」時や「データ整備」時などで、入手したデータの特徴を把握するために使うケースが多いです。

**管理図**

管理図とは、一言でいうと時系列の折れ線グラフです。売上や受注件数などの重要な指標の推移を確認したり、日々モニタリングするために利用します。通常は、上方管理限界線と下方管理限界線という閾値を設け、その間の外に出たときを異常値と見なします。

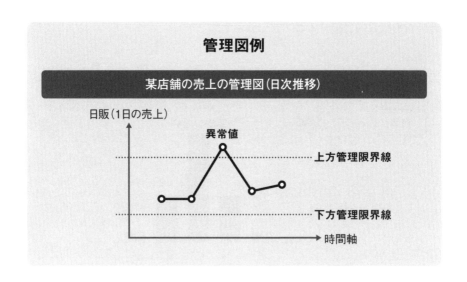

## 管理図例

### 某店舗の売上の管理図（日次推移）

日販（1日の売上）

異常値

上方管理限界線

下方管理限界線

時間軸

　例えば、日販（1日の売上）をモニタリングしていたとします。管理図上の異常値は、日販でヒストグラムを作ったとき、上方管理限界線を越えたデータはヒストグラムの右に、下方管理限界線を下回ったデータはヒストグラ

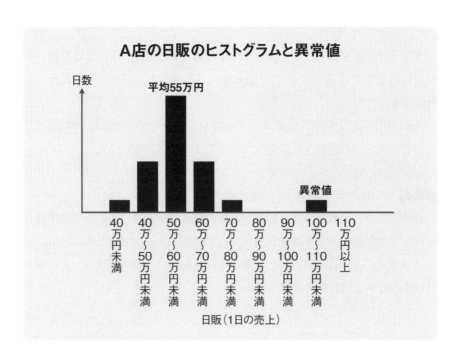

## A店の日販のヒストグラムと異常値

日数

平均55万円

異常値

| 40万円未満 | 40万～50万円未満 | 50万～60万円未満 | 60万～70万円未満 | 70万～80万円未満 | 80万～90万円未満 | 90万～100万円未満 | 100万～110万円未満 | 110万円以上 |

日販（1日の売上）

ムの左に極端に現れます。

　異常検知は、管理図を使うことでもできますし、ヒストグラムを使うことでもできます。日販の例のように時系列で推移するデータでない場合には、ヒストグラムを使い異常検知をすることになることでしょう。

　このように管理図は、データ分析・活用時の「モニタリング」や「異常検知」のためにも使えます。「テーマ設定」時や「データ整備」時などで、入手したデータの特徴を把握したり外れ値を発見したりするためにも使えます。

## 散布図

　ヒストグラムと管理図は、売上や受注金額などの1つの量的データの特徴を把握するものでした。1つの量的データの特徴を把握したら、量的データ間の関係性が気になります。

　例えば、「客単価の高い店舗は、来店客数も多いのだろうか？」とか、「来店客数と関係があるのは、何であろうか？」という感じです。

　散布図は2つの量的データの関係を把握するときに利用します。

　散布図を描くとき、あわせて相関係数などの統計学的な指標を計算します。相関係数は−1から＋1の間の数値を取り、＋1に近いほど「正の相関

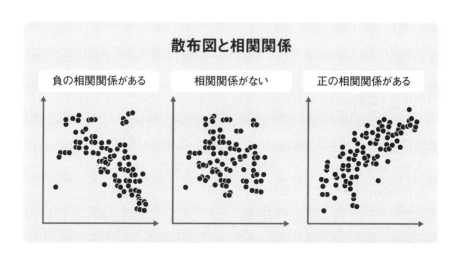

関係がある」（一方が増加すると他方も増加する傾向にある場合）といい、
－1に近いほど「負の相関関係がある」（一方が増加しているにもかかわら
ず他方が減少する傾向にある場合）といいます。0は無相関（正の相関関係
も負の相関関係もない）であるといいます。

　相関関係はあくまでもデータ上の関係（厳密には線形的な関係）で、この
ような関係性が本当にあるのかはわかりませんし、そもそも因果関係ではあ
りません。データからこのような関係が読み取れるということに過ぎませ
ん。
　そのため、現場に詳しい人などと一緒に、散布図や相関係数などを眺めな
がら、どのようなことがいえそうなのかを議論する必要が出てきます。
　議論の結果、現実に起こっている現象がデータに現れたものなのか、因果
関係といっても差し支えないものなのかが、見えてきます。もし、現実世界
を反映したものなのであれば、その現実世界の一部をデータで表現できたこ
とになります。
　このように、散布図や相関係数などの2つ（もしくは2つ以上）のデータ
の関係性を分析する手法を使い、要因分析を実施します。要因分析を実施す
ることで、例えば「○○というアクションをしたら○○という結果になっ
た」とか、「○○が起きると○○という結果になる」とか、因果関係のよう
なものを考えていきます。

　散布図や相関係数は、データ分析・活用時の「要因分析」の中で使えま
す。「テーマ設定」時や「データ整備」時などで、入手した量的データ同士
の関係性を把握したりするためにも使えます。
　ちなみに、量的データ同士の関係性は通常の相関係数（ピアソンの積率相
関係数）ですが、2値（例えば、1：受注 0：失注）や多値（例えば、1：エ
ントリー顧客 2：レギュラー顧客 3：ロイヤル顧客）などの質的データとの
相関係数もあります。ここでは詳しくは説明しませんが、例えばポリコリッ
ク相関係数やポリシリアル相関係数、テトラコリック相関係数などというも
のがあり、最近のデータ分析ツールなどで簡単に計算できます。

## パレート図

パレート図とは、数値の大きな項目から順番に並べたグラフです。深掘りすべきポイントを把握するために欠かせません。パレートの法則（80：20の法則）という名で有名で、例えば、売上上位20％商品で全体の売上の80％を占めるという現象を説明したものです。

このことから、全体の売上に大きく貢献している商品（つまり売れ筋商品）とそうでない商品がわかります。どの商品を重点的に扱えばよいのかがわかり、データを分析する上での深掘りポイントも見えてきます。

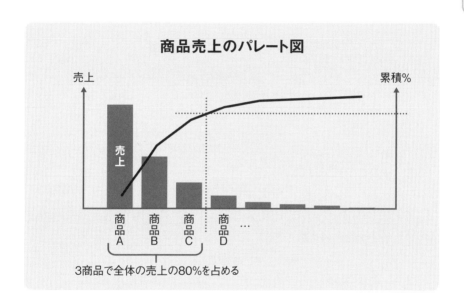

作り方は簡単で、売上の例で説明します。

まず、商品別に売上を計算し、売上の大きい順に商品を並べます。次に、売上の大きい順に並んだ売上の累積売上を順次計算し、全売上に占める割合を計算します。

実際に「80：20」に近い値になることはありますが、「70：30」や「90：10」など様々です。

「テーマ設定」時や「データ整備」時などで入手したデータの特徴を把握するためや、データ活用の対象（例：商材やエリア、部署、顧客など）を絞り込んだり、その対象を分類（例えば、ABC分類など）するためなどで使うケースが多いです。

### 特性要因図（フィッシュボーンチャート）

　特性要因図（フィッシュボーンチャート）とは、特性（結果）と要因（原因）に分けてその関係を図で表したものです。魚の骨に似ているのでフィッシュボーンチャート（魚の骨図）と呼ばれています。

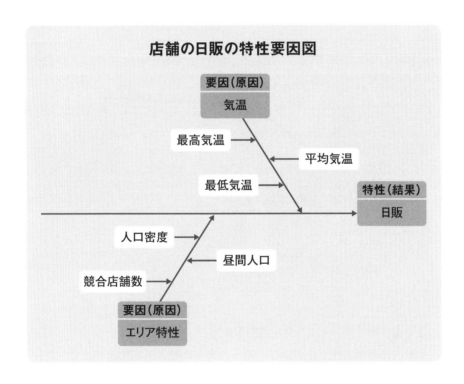

　パレート図と同様に、深掘りすべきポイントを把握するために欠かせません。パレート図と特性要因図の違いは何でしょうか。先ほどあげた例をもとに簡単に説明します。

先ほどのパレート図から、少なくとも商品 A は重点的に扱うべき商品ということがわかります。なぜならば、売上が最大で、商品 A が売上に占める割合が大きく、全体の売上への影響が大きいからです。そのため、商品 A をより深く分析したほうがいいでしょう。

次に、この商品 A の何を分析していけばいいのでしょうか。例えば、売上（特性）に影響を与える要因を探り、影響の大きな要因に絞っていくといいでしょう。

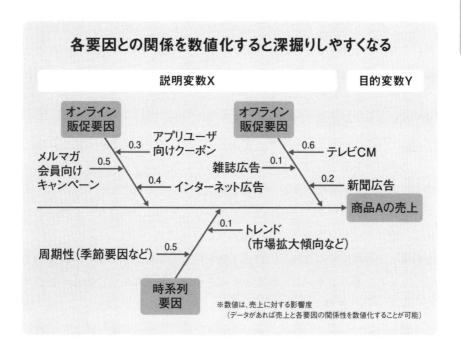

売上に影響する要因は色々あるため、その要因を洗い出し整理した上で、どの要因に着目すればいいのかが考えていったほうがよさそうです。そのために、特性要因図を描き、データがあれば売上と各要因の関係性を数値化していきます。

関係性を数値化する最も簡単な方法は、売上との相関係数を求めることです。もしくは、多変量解析の道具のひとつである線形回帰モデル（単回帰モデル・重回帰モデル）などの数理モデルを使うのもいいでしょう。

この場合、深掘りすべき（重点的に扱うべき）要因は、売上への影響度の大きい周期性（季節要因など）やテレビCM、メルマガ会員向けキャンペーンなどとなります。

今、特性要因図の特性と各要因の関係性を数値化するために、線形回帰モデルなどの数理モデルを使うというお話をしました。

逆に、このような数理モデルそのものを設計する手段（数理モデルの図示化）として、特性要因図を使うことがあります。この場合、もちろん深掘りすべきポイントを把握するという用途ではありません。用途は、異常検知モデルであれば「異常検知」という用途ですし、予測モデルであれば「将来予測」という用途になります。

予測モデルなどの数理モデルの設計時に、特性要因図を描くことで、どのようなデータが必要なのかが視覚的にわかります。そして、「既にあるデータ」と「今はないデータ」をマーキングしたりします。このことで、このデータでモデルを構築したときに考慮していない要因は何で、今後整備すべきはどのようなデータなのかがわかります。

特性要因図で数理モデル（予測モデルや異常検知モデルなど）を設計できれば、後はデータを集めモデルを構築するだけです。

構築した数理モデルを使い、将来予測をすることもできますし、異常検知をすることもできます。この数理モデルを使い、さらに要因分析をすることもできますし、理想的なY（例：目標売上など）になるためのX（例：施策の組み合わせなど）を検討しレコメンドに活用することもできます。次項で、深掘りすべきポイントを把握するためではなく、数理モデルの設計という切り口で紹介します。

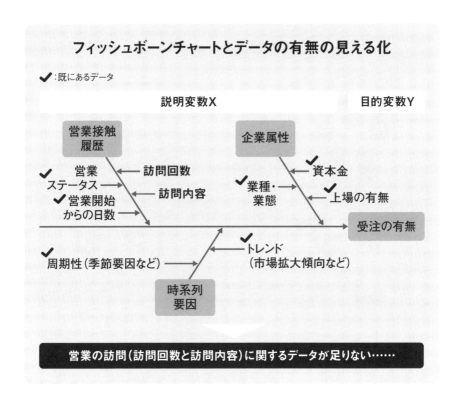

フィッシュボーンチャートとデータの有無の見える化

✔：既にあるデータ

説明変数X　　　　　　　　　　　目的変数Y

営業接触履歴
　営業ステータス
　営業開始からの日数
　　← 訪問回数
　　← 訪問内容

企業属性
　業種・業態
　　← 資本金
　　← 上場の有無

受注の有無

周期性（季節要因など）　→
時系列要因
　← トレンド（市場拡大傾向など）

営業の訪問（訪問回数と訪問内容）に関するデータが足りない……

　このように、特性要因図は非常に使い勝手のいいものです。この特性要因図を手書きで描くのは大変なので、色々なツールがあります。フリーのツールもあります。例えば、XMind（https://jp.xmind.net/）というツールです。特性要因図以外にも、後ほど説明する「系統図法（ロジックツリー）」などを描く機能もあります。無料で使えます。

## 親和図法（KJ法）

　親和図法は、KJ法ともいわれ、ブレインストーミングでよく利用する道具のひとつです。ブレインストーミングとは、日本語では集団発想法とも呼ばれ、集団で発想を誘発し合いたくさんのアイデアを出す会議方式のひとつです。そこで出されたたくさんのアイデアをまとめるのがKJ法になります。

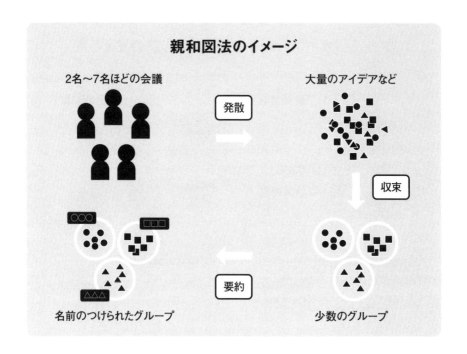

## 親和図法のイメージ

2名～7名ほどの会議　　　　　　　大量のアイデアなど

発散　→

収束　↓

要約　←

名前のつけられたグループ　　　　少数のグループ

やり方は非常に簡単で、「発散→集約→要約」という流れになります。「発散」が今説明したアイデアをたくさん出すブレインストーミングに該当します。「集約」で似たようなアイデアをグループ分けし、「要約」でそのグループに対し名前をつけます。この要約されたものが親和図法の成果物となります。

親和図法の利用場面は意外と多く、ドメイン候補やアクション、ファクト、課題などを洗い出したり整理したりまとめたりするときに活用します。

### 系統図法（ロジックツリー）

系統図法は、ロジックツリーとも呼ばれる定性分析手法のひとつです。先ほど説明した親和図法などとともに使うことが多いです。色々な系統図法があり、よく使われるのは、**問題の要因（原因）を掘り下げる系統図法（なぜなぜ分析）と解決策を具体化する系統図法（どうする分析）**の2つです。

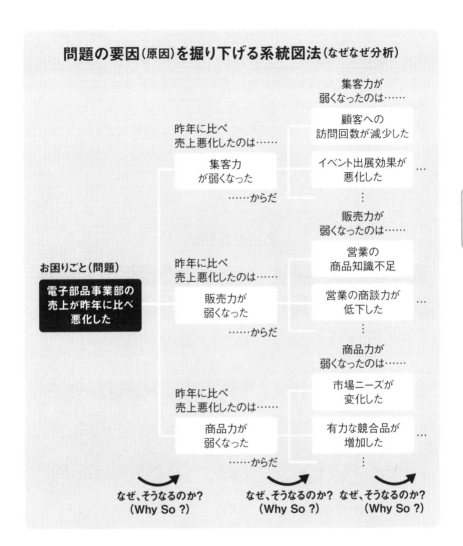

# 問題の要因（原因）を掘り下げる系統図法（なぜなぜ分析）

集客力が
弱くなったのは……

顧客への
訪問回数が減少した

イベント出展効果が
悪化した
：

昨年に比べ
売上悪化したのは……

集客力
が弱くなった

……からだ

販売力が
弱くなったのは……

営業の
商品知識不足

営業の商談力が
低下した
：

お困りごと（問題）

電子部品事業部の
売上が昨年に比べ
悪化した

昨年に比べ
売上悪化したのは……

販売力が
弱くなった

……からだ

商品力が
弱くなったのは……

市場ニーズが
変化した

有力な競合品が
増加した
：

昨年に比べ
売上悪化したのは……

商品力が
弱くなった

……からだ

なぜ、そうなるのか？
（Why So ?）

なぜ、そうなるのか？　なぜ、そうなるのか？
（Why So ?）　　　　（Why So ?）

「問題の要因（原因）を掘り下げる系統図法」（なぜなぜ分析）は、親和図法で問題の洗い出しを行った後や、管理図法などでモニタリングをした結果出てきた問題（例：昨年に比べ売上悪化）に対し、その問題の要因を探っていくときに使ったりします。

さらに、「お困りごと」（問題）の原因となるファクトを洗い出すためにも実施します。

この洗い出したファクトから「課題」を考えていくこともできます。

前項で紹介したのは、ファクトを組み合わせてストーリー仕立てにした「あるべき姿を妨げている状況」から「課題」を考えるものでしたが、難しく感じた人もいたかもしれません。

最もシンプルなのは、「問題の要因を掘り下げる系統図法」（なぜなぜ分析）で洗い出したファクトからそのまま「課題」を考えていく方法です。こちらのほうが簡単です。

「解決策を具体化する系統図法」（どうする分析）は、問題の要因を掘り下げた後、その要因に対しその解決策を案出するのに使ったりします。具体的なアクションが見えるまで、掘り下げます。

「テーマ設定」時には、主に解決策などを案出するために使います。

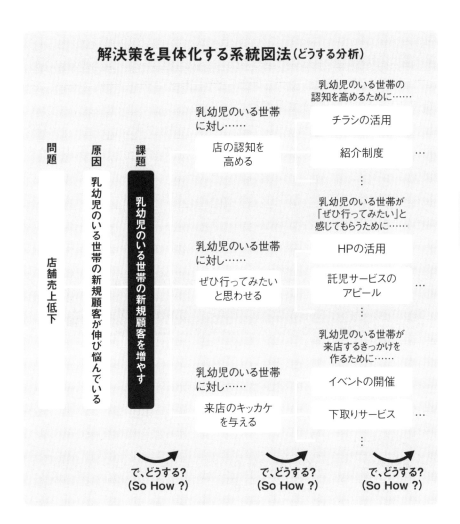

## 解決策を具体化する系統図法（どうする分析）

| 問題 | 原因 | 課題 |
|---|---|---|
| 店舗売上低下 | 乳幼児のいる世帯の新規顧客が伸び悩んでいる | 乳幼児のいる世帯の新規顧客を増やす |

乳幼児のいる世帯に対し……
店の認知を高める

乳幼児のいる世帯の認知を高めるために……
チラシの活用
紹介制度　…
⋮

乳幼児のいる世帯に対し……
ぜひ行ってみたいと思わせる

乳幼児のいる世帯が「ぜひ行ってみたい」と感じてもらうために……
HPの活用
託児サービスのアピール　…
⋮

乳幼児のいる世帯に対し……
来店のキッカケを与える

乳幼児のいる世帯が来店するきっかけを作るために……
イベントの開催
下取りサービス　…
⋮

で、どうする？（So How ?）　で、どうする？（So How ?）　で、どうする？（So How ?）

　系統図法は非常に使い勝手がいいため、他にも色々な使い方があります。興味のある方は、ロジカルシンキング系の書籍などを参考にしていただければと思います。

　このように、系統図法は、親和図法と一緒に「テーマ設定」時にドメイン候補やアクション、ファクト、課題、解決策などを洗い出したり整理したりまとめたりするときに、よく利用する定性分析の道具です。
　データ分析と聞いたときに定量分析をイメージする方にとって、このよう

な定性分析は馴染みがないかもしれませんが、データ分析・活用上は欠かせないデータ分析技術です。

**マトリクスデータ解析法（多変量解析）**

マトリクスデータ解析法では、他の QC 7 つ道具や新 QC 7 つ道具と異なり、分析ツールを使ったほうがいいでしょう。扱うデータは、次のような Excel などのスプレッドシートを彷彿とさせるようなデータで、通常はデータセット（テーブルデータ型）と呼ばれます。伝統的には、多変量解析などの統計モデルを使い分析を進めます。

**データセット例**（500mℓペットボトル飲料商品購買本数）

| 購入者ID | ポカリ | ダカラ | アクエ | ゲータ | … |
|---|---|---|---|---|---|
| 1012872 | 12 | 9 | 0 | 23 | |
| 8172651 | 2 | 0 | 9 | 0 | |
| 2986423 | 3 | 3 | 21 | 2 | |
| 0197472 | 0 | 5 | 1 | 0 | |
| 1852854 | 2 | 8 | 3 | 6 | |
| 8642012 | 3 | 0 | 8 | 0 | |
| 2963175 | 0 | 0 | 23 | 2 | |
| ⋮ | | | | | |

伝統的な多変量解析の分析手法だけでも、例えば次にようにたくさんあります。

## 多変量解析の分析手法例

- 単回帰分析/重回帰分析
- 判別分析
- ロジスティック回帰分析（2項/多項/順序）
- プロビット回帰分析
- 正準相関分析
- 主成分分析
- 回帰分析
- クラスター分析

- 多次元尺度構成法
- コレスポンデンス分析
- 多段層別分析
- 数量化1類/2類/3類/4類
- パス解析
- グラフィカルモデリング
- 共分散構造分析

など

「テーマ設定」時というよりも「データ整備」時にデータの特徴を把握するために利用する機会が多いかもしれません。散布図で登場した相関係数を分析する相関分析も、どちらかというとマトリクスデータ解析法に分類されます。

先ほど説明しましたが、マトリクスデータ解析法で使う「多変量解析」というデータサイエンス技術で登場する線形回帰モデルやロジスティック回帰モデルなどは、そのまま今後構築する数理モデルの候補にもなりえます。

多変量解析に興味のある方は、多くの書籍がありますので、詳しく知りたい方はそちらを参考にしていただければと思います。

### ファクトを整理するDEMATEL法

「テーマ設定」時の「ステップ1－2　テーマ候補の洗い出し」に実施する「課題の抽出」時に、洗い出されたファクトを整理するときに主に使います。

**DEMATEL（DEcision MAking Trial and Evaluation Laboratory）法**とは、複雑に絡み合った問題の構造を見極めるために、要因同士のつながりを「見える化」し整理する手法で、1970年代にスイスのジュネーブにあるバテル記念研究所で開発されたものです。

ここで説明するのはDEMATEL法の簡易版になります。次の3段階で進めます。

- 段階1　評価
- 段階2　計算
- 段階3　マップ化

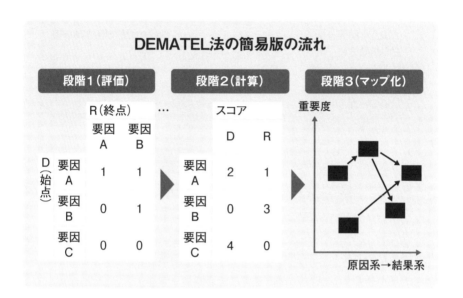

　段階1の「評価」では、2つの要因間に「始点と終点」の関係があるのか
を評価します。

　段階2の「計算」では、要因のそれぞれについて、始点としての影響度
（Dスコア）と終点としての影響度（Rスコア）を算出し、「R+Dスコア」
と「R-Dスコア」を計算します。

　段階3の「マップ化」では、「R+Dスコア」×「R-Dスコア」のマップ
を作成します。これを**「デマテルマップ」**と呼びます。

　では、各段階について簡単に説明していきます。

## 段階1　評価

　各要因間（今回の場合は「ファクト」間）に時間的な前後関係や因果関係
といった直接的な関係性（始点と終点）が「あるのか？　ないのか？」を評

価します。始点を D、終点を R と表現します。

　例えば、要因 A（ファクト A）の後に要因 B（ファクト B）が生じるなら、要因 A（ファクト A）が始点（D）で要因 B（ファクト B）が終点（R）になります。

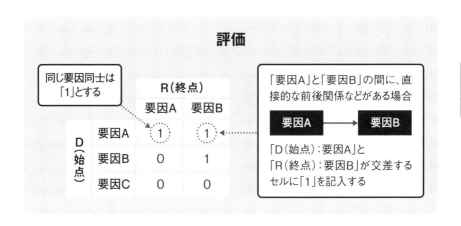

## 段階2　計算

　各要因（ファクト）の「D スコア」と「R スコア」を計算します。

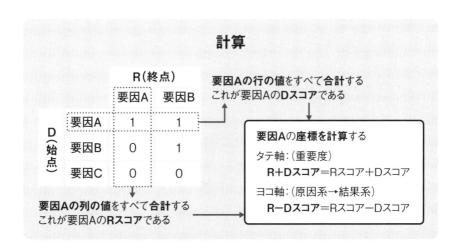

「D スコア」と「R スコア」から、段階 3 のマップの座標である「R+D スコア」と「R–D スコア」を求めます。

「R+D スコア」はその要因（ファクト）の「重要度」を表します。その要因が他の要因（ファクト）とつながっている（例：ハブになっている）ほど「R+D スコア」は大きくなります。

一方、「R–D スコア」はその要因（ファクト）がどちらかというと「原因」になるのか、それとも「結果」になるかを表します。「R–D スコア」が大き

## 課題抽出シート

| | | 見込み顧客リストが膨大 | リストの半分以上未対応 | リストの上から順番に対応 | 対応したリストの後半は商談開始に進むことはほぼない | 「競合検討で進んでいる」という理由で断られるケースも多い | 対応すべきリストに対しインサイド営業が少ない | インサイド営業が疲弊している | インサイド営業の異動希望者退職者が多い | D Score |
|---|---|---|---|---|---|---|---|---|---|---|
| | | | | | R | | | | | D Score |
| | 見込み顧客リストが膨大 | 1 | 1 | | 1 | | 1 | | | 4 |
| | リストの半分以上未対応 | | 1 | | | | | 1 | | 2 |
| | リストの上から順番に対応 | | | 1 | 1 | 1 | | 1 | | 4 |
| | 対応したリストの後半は商談開始に進むことはほぼない | | | | 1 | | | | 1 | 2 |
| D | 「競合検討で進んでいる」という理由で断られるケースも多い | | | | | 1 | | | 1 | 2 |
| | 対応すべきリストに対しインサイド営業が少ない | | 1 | | 1 | | | 1 | 1 | 4 |
| | インサイド営業が疲弊している | | 1 | | | | | 1 | 1 | 3 |
| | インサイド営業の異動希望者退職者が多い | | | | | | | 1 | 1 | 2 |
| | R Score | 1 | 4 | 1 | 4 | 2 | 1 | 5 | 5 | |

ければその要因（ファクト）は「結果」の性格が強く、小さければ「原因」の性格が強いと解釈します。

ちなみに、前項「ステップ by ステップで進める『テーマ設定』」であげた例の場合、前ページ図のようになりました。

### 段階3　マップ化

「R+D スコア」（重要度）をタテ軸、「R–D スコア」をヨコ軸にしたマップを作ります。

マップの左側に来るのが原因系の要因（ファクト）で、右側に来るのが結果系の要因（ファクト）です。このマップがデマテルマップです。

このデマテルマップを使い、「原因寄りのファクト」と「結果寄りのファクト」を見極め、「原因寄りのファクト→結果寄りのファクト」という感じで「課題」を表現します。

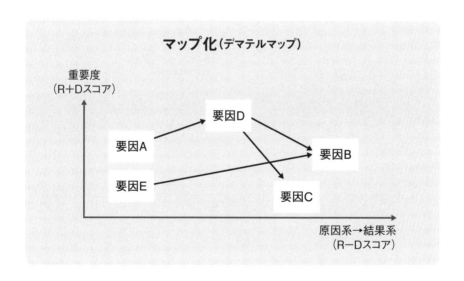

ちなみに、前項であげた例の場合、次ページのようになりました。

このとき、タテ軸の「R+D スコア」（重要度）はあまり気にしなくていいです。デマテルマップが見やすくなるくらいの感覚で問題ありません。他の

ファクト（事実）と関連していると「R+D スコア」（重要度）が大きくなりますが、課題の根深さを表現したものではないからです。すべてのファクトのレベル感がまったく同じであるならば、「R+D スコア」（重要度）に意味があるかもしれません。

また、デマテルマップ上のファクト間に矢印などの線を引いても引かなくても問題ありません。どのファクトが原因寄りで、どのファクトが結果寄りなのかを把握できれば十分です。

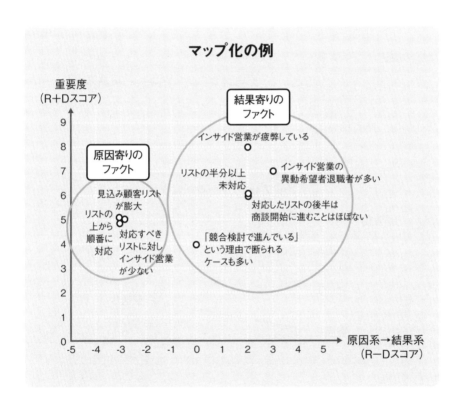

## 》 感覚を数値化する一対比較とAHP

評価をするとき、ストレートな数値表現が難しい場合には、一対比較やA

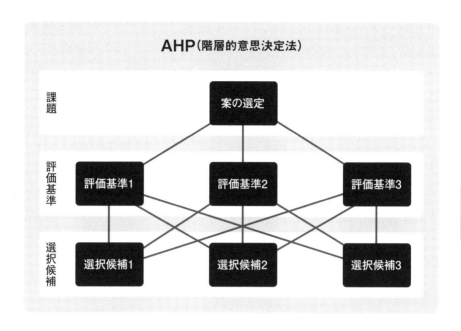

AHP（階層的意思決定法）

課題 — 案の選定

評価基準 — 評価基準1　評価基準2　評価基準3

選択候補 — 選択候補1　選択候補2　選択候補3

ＨＰで評価します。

　AHP（Analytic Hierarchy Process、階層的意思決定法）とは、意思決定手法（複数の選択候補の中から1つ選ぶ）のひとつで、評価基準が複数ある場合や評価基準が階層化されているときに利用します。

　人の感覚を用いた一対比較法を活用し評価していくため、定量化されていない場合にも有効です。人の感覚値を意思決定に反映できるという特徴があります。


**一対比較法**

　まず、一対比較法について説明します。

　流れはシンプルです。表側と表頭にテーマ候補を並べた表に評価結果を記載し、相乗平均を計算しスコアを計算します。相乗平均とは、通常の平均である相加平均（算術平均）とは違う平均です。注意しましょう。

「インパクトの大きさ」の評価例で説明します。Excel などを使い、簡単にスコア計算までできます。

　例えば、「テーマ候補1」のほうが「テーマ候補2」よりも「インパクト

が大きい」のであれば「2」を、「テーマ候補1」のほうが「テーマ候補2」よりも「インパクトが小さい」のであれば「1/2」を、「テーマ候補1」と「テーマ候補2」の「インパクトが同程度」であれば「1」を入力します。この表の対角線はすべて「1」にします。自分自身同士を比較評価しているからです。

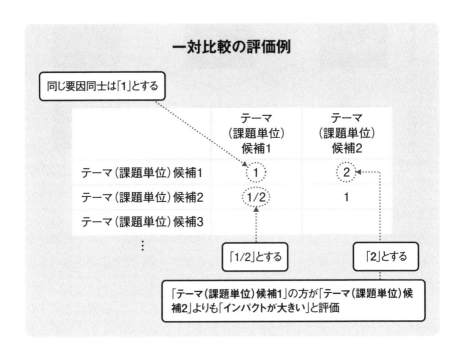

各テーマ候補のインパクトに関するスコアは、各行の相乗平均を計算し、各行の相乗平均の合計値が100になるように調整し求めます。Excelで相乗平均を計算するときは、次の例の場合には「(1×2×2)＾(1/3)」となります。

## 一対比較のスコア計算例

| | 一対比較後 | | | スコア化 |
|---|---|---|---|---|

**一対比較後**

| | 候補1 | 候補2 | 候補3 |
|---|---|---|---|
| 候補1 | 1 | 2 | 2 |
| 候補2 | 1/2 | 1 | 1/2 |
| 候補3 | 1/2 | 2 | 1 |

> 候補1の行の相乗平均は、1.59
> 候補2の行の相乗平均は、0.63
> 候補3の行の相乗平均は、1.00

**スコア化**

候補1の行の値の**相乗平均** $\sqrt[3]{1 \times 2 \times 2} \fallingdotseq 1.59$

$1.59 \div (1.59 + 0.63 + 1.00) \times 100 \fallingdotseq 49$

各行の相乗平均に対し、
すべての行の相乗平均を
合計した値で割り、
その値に100を掛けた数字が**スコア**

今回は、「2」を一対比較値として用いましたが、例えば次のようにランクを細かくしてもいいでしょう。

## 一対比較値の例

※偶数値は、補完的に用いる

| 一対比較値 | 意味 |
|---|---|
| 1 | 選択候補Aと選択候補Bは、同じぐらい**重要** |
| 3 | 選択候補Aが選択候補Bより、やや**重要** |
| 5 | 選択候補Aが選択候補Bより、**重要** |
| 7 | 選択候補Aが選択候補Bより、かなり**重要** |
| 9 | 選択候補Aが選択候補Bより、絶対的に**重要** |

※参考文献：刀根薫、『ゲーム感覚意思決定法 ＡＨＰ入門』、日科技連出版社, 1986

## AHP（Analytic Hierarchy Process、階層的意思決定法）

次に、評価基準が複数ある場合に利用する AHP について説明します。次の3つの評価基準のある「容易性」の評価例で説明します。

● データ取得に関する容易性
● アナリティクスに関する容易性
● 現場活用に関する容易性

AHP の簡易手順は、次のようになります。

### AHPの簡易手順

| | |
|---|---|
| **評価基準の一対比較** | 評価基準の重要性を、一対比較で評価し、重要度スコアを計算する。 |
| **選択候補の一対比較** | 評価基準ごとに、選択候補を一対比較で評価し、評価基準ごとにスコアを計算する。<br>(例)データ取得容易性スコア、アナリティクス容易性スコア、現場活用容易性スコア |
| **総合スコアの算出** | 重要度スコアを重みに、各評価基準で求めたスコアの重みつき平均を計算し、総合スコア(例:総合容易性スコア)を計算する。<br>最も総合スコアの高いものが、AHPで選ばれた選択候補となる。 |

まずは、評価基準の一対比較です。

「データ取得に関する容易性」「アナリティクスに関する容易性」「現場活用に関する容易性」の3つの評価基準の重要性を評価します。どの評価基準がより重要かを一対比較評価し重要度スコアを求めます。

評価基準の一対比較の実施例です。

## 評価基準の一対比較の実施例

| | 一対比較評価結果 | | | 相乗平均 | 重要度スコア |
|---|---|---|---|---|---|
| | 評価基準1 | 評価基準2 | 評価基準3 | | |
| 評価基準1 | 1 | 1/2 | 1/2 | 0.63 | 20 |
| 評価基準2 | 2 | 1 | 1/2 | 1.00 | 31 |
| 評価基準3 | 2 | 2 | 1 | 1.59 | 49 |

評価基準1：データ取得容易性
評価基準2：アナリティクス容易性 　　　　　　　　　（合計100）
評価基準3：現場活用容易性

次に、選択候補の一対比較です。

「データ取得に関する容易性」「アナリティクスに関する容易性」「現場活用に関する容易性」のそれぞれの評価基準ごとに、テーマ候補同士を一対比較評価しそれぞれの容易性スコアを求めます。3つの容易性スコアが算出されます。

「データ取得に関する容易性」に関する一対比較の実施例です。

## 「データ取得に関する容易性」に関する一対比較の実施例

| | 一対比較評価結果 | | | 相乗平均 | 評価基準1のスコア |
|---|---|---|---|---|---|
| | 候補1 | 候補2 | 候補3 | | |
| 候補1 | 1 | 1/2 | 2 | 1.00 | 31 |
| 候補2 | 2 | 1 | 2 | 1.59 | 49 |
| 候補3 | 1/2 | 1/2 | 1 | 0.63 | 20 |

（合計100）

「アナリティクスに関する容易性」に関する一対比較の実施例です。

## 「アナリティクスに関する容易性」に関する一対比較の実施例

| | 一対比較評価結果 | | | 相乗平均 | 評価基準2のスコア |
|---|---|---|---|---|---|
| | 候補1 | 候補2 | 候補3 | | |
| 候補1 | 1 | 1/2 | 1/2 | 0.63 | 20 |
| 候補2 | 2 | 1 | 2 | 1.59 | 49 |
| 候補3 | 2 | 1/2 | 1 | 1.00 | 31 |

（合計100）

「現場活用に関する容易性」に関する一対比較の実施例です。

## 「現場活用に関する容易性」に関する一対比較の実施例

| | 一対比較評価結果 | | | 相乗平均 | 評価基準3のスコア |
|---|---|---|---|---|---|
| | 候補1 | 候補2 | 候補3 | | |
| 候補1 | 1 | 2 | 2 | 1.59 | 49 |
| 候補2 | 1/2 | 1 | 1/2 | 0.63 | 20 |
| 候補3 | 1/2 | 2 | 1 | 1.00 | 31 |

（合計100）

　重要度スコアと各評価基準で求めた3つの容易性スコアを用い、総合スコアを算出します。重要度スコアを重みに、各評価基準で求めた3つの容易性

スコアの重みつき平均を計算します。

## 重要度スコアと各評価基準で求めた 3つの容易性スコアを用い総合スコアを算出

| | 評価基準の重要度スコア | | | 重みつき相加平均 |
|---|---|---|---|---|
| | 20 | 31 | 49 | (例)総合容易性スコア |

| | 評価基準ごとのスコア | | | 総合スコア |
|---|---|---|---|---|
| | 評価基準1 | 評価基準2 | 評価基準3 | |
| 候補1 | 31 | 20 | 49 | 36 |
| 候補2 | 49 | 49 | 20 | 35 |
| 候補3 | 20 | 31 | 31 | 29 |

(合計100)

　この平均は、通常の相加平均（算術平均）になります。これが、「テーマ選定マトリックス」の「容易性」軸の値になります。

　例の「候補1」の場合、「$36 \fallingdotseq 31 \times 20/100 + 20 \times 31/100 + 49 \times 49/100$」となります。20/100や31/100、49/100が重みです。重みの大きな評価基準で求めた容易性スコアが重視されます。

　ここで紹介した一対比較法やAHPは、ドメインやテーマの選定で主に利用します。

# 4 ≫ 課題解決に役立つ情報を 考えるときのポイント

## ≫ 課題解決3つのポイント

いきなり「課題解決に役立つ情報」を考えろといわれても困るかもしれません。「課題解決に役立つ情報」を考えるとき、次の3つのポイントを押さえましょう。

● 活用場面（計画のため・評価のため）
● データ活用の用途タイプ（モニタリング・異常検知・要因分析・将来予測・レコメンド）
● 「課題解決に役立つ情報」と「解決策」のつながり

この3つは、「テーマ設定」の次のステップ「アナリティクス」で実施するアナリティクスの設計時に、より具体的に検討していきます。しかし、「テーマ設定」時にこのことが念頭にあると、「課題解決に役立つ情報」を考えやすくなります。そのため、ここで説明します。

## ≫ 活用場面は「計画」or「評価」

少なくとも日本のビジネスの世界では PDCA（Plan-Do-Check-Act、計画−実行−評価−改善）サイクルの神話は根強く、意識しているかどうかに関係なく、結局のところ PDCA サイクルを用いてビジネス活動を行なっていることが多いのではないかと思います。

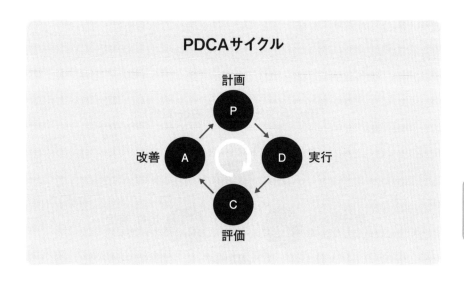

**PDCAサイクル**

計画
P

改善 A　　D 実行

C
評価

　このような PDCA サイクルは、どんなに小さな企業であったとしても、実施していることでしょう。仮に、事業計画などが明示化されていなくともです。振り返りのための評価をきちんとできていなくてもです。経営者やマネジャーなどの頭の中でなんとなく計画を立てながら実行し、大丈夫かなと思いながら頭の中で振り返り微修正しながら、ビジネスをしている企業も多いと思います。要するに、結果的に PDCA サイクル的な動きをしている企業が多いということです。

　この PDCA サイクルの中で、データ分析・活用をすることが多いのは、次の2つです。

● Plan（計画）
● Check（評価）

　例えば、販促活動を実施している部署があったとします。彼ら・彼女らの仕事は、販促計画の立案と販促活動の実施、その実施した結果の振り返り評価、問題があれば改善する、という流れになることでしょう。
　この例ですと、販促計画を立案するときにデータ分析の力を利用するか、

販促を実行した結果を評価するときにデータ分析の力を利用するのか、ということです。

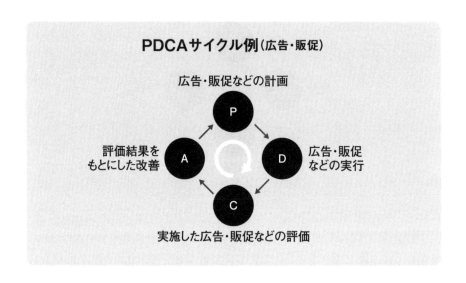

- 計画のためのデータ分析・活用
- 評価のためのデータ分析・活用

　そのため、活用場面がどちらなのかを明確にしておくといいでしょう。明確にしていないばかりに、どちらのデータ分析・活用を議論しているのか、わからなくなっているケースは多々あります。活用場面がどちらなのかで、構築する数理モデルの思想が異なります。このあたりは、第4章で触れます。

## 》 意識したほうがいい3種類の変数（説明変数・調整変数・目的変数）

　行動心理学の世界では、SR理論（Stimulus-Response Theory）という考え方があります。行動を、「刺激」（S：Stimulus）に対する「反応」（R：Response）として捉えたものです。
　データ分析の観点で考えると、「説明変数X」と「目的変数Y」の概念で捉えることができます。

- 刺激（S:Stimulus）：説明変数 X
- 反応（R:Response）：目的変数 Y

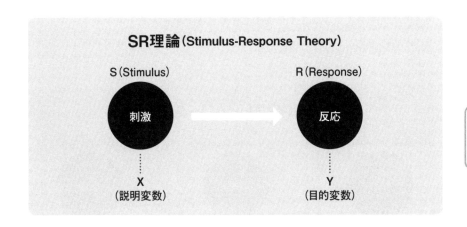

　例えば、「広告（X）を打てば売上（Y）が上がる」「機器の稼働時間（X）が長くなると歩留まり（Y）が悪化する」など色々と応用できそうです。

　しかし、「同じ刺激（S）に対し、常に同じ反応（R）が起こるわけではない」という問題があります。例えば、広告を打ったからといって、すべての人がその商品を購買するわけではありません。その人がどのような人なのかに依存します。稼働時間と歩留まりが悪化するタイミングの関係は、すべての工場で同じではありません。その日の気温や湿度、工具の熟練度などに依存します。

　SR 理論に「有機体（O：Organism）」という概念を付け加えた SOR 理論（Stimulus–Organism–Response Theory）というものがあります。「有機体（O）」とは人間であったり動物であったりします。刺激（S）に対する反応（R）だけでは説明できない現象を、「有機体（O）」という概念を導入することで説明できるようにした、という感じです。

　ビジネス系のデータ分析の世界であれば、「有機体（O）」は生物個体だけでなく、AI であったり装置であったり工場のラインなど生物以外も付け加わります。つまり、同じ説明変数 X を与えても、個人の属性や工場の状況など（調整変数 Z）によって、目的変数 Y の値が変わる、ということです。

ここでは、これを「**XYZ フレームワーク**」と呼びます。

- 刺激（S：Stimulus）：説明変数 X
- 有機体（O：Organism）：Z（調整変数 or 説明変数）
- 反応（R：Response）：目的変数 Y

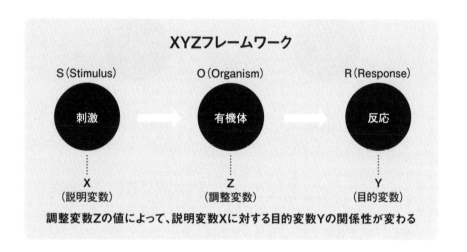

例えば、「広告」（X）と「購買」（Y）の関係性は「個人属性」（Z）によって異なる、「工場の稼働時間」（X）と「歩留まり悪化のタイミング」（Y）の関係性は「天候（気温や湿度など）」（Z）によって異なる、といった感じです。

調整変数は、説明変数と一緒くたに扱うこともありますが、意識的に区別しておいたほうがいいでしょう。データ分析・活用を進めるとき、どのデータが目的変数で、どのデータが説明変数で、どのデータが調整変数なのか、明確に意識します。他にも色々な変数の概念がありますが、少なくともこの3種類の変数は押さえておきましょう。

## 》 フィッシュボーンチャートで整理する

「目的変数 Y」と「説明変数 X」の関係性を、次のようなフィッシュボー

ンチャート（魚の骨図）で図示し、表現することができます。

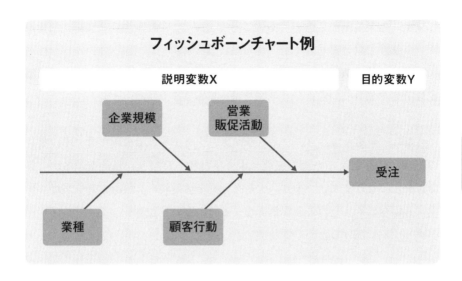

調整変数Zをどう扱うのかで、フィッシュボーンチャートの描き方が変わってきます。例えば、調整変数Zと説明変数Xを明確に区別する場合には、次のようになります。この例では、調整変数Zを「業種」としています。

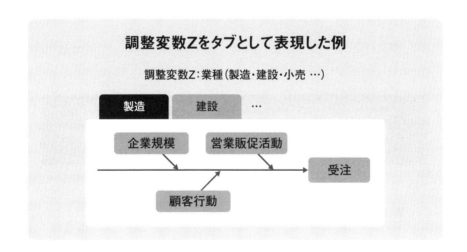

同じ変数でも数理モデルの作り方で、説明変数 X になったり調整変数 Z になったりもします。先ほどの例ですと、調整変数 Z として「業種」だけでなく「企業規模」も含めてもよさそうですし、「業種」ではなく「企業規模」を調整変数 Z としてもいいかもしれません。

　あえて調整変数 Z というワードを使わないとき、説明変数 X の中に調整変数 Z も含まれているという認識を持っておきましょう。

　ちなみに単純な集計も、フィッシュボーンチャートで表現できます。集計の場合、説明変数 X や調整変数 Z が「集計軸」になり、目的変数 Y が「集計対象」になります。つまり、データ分析・活用時に、集計結果を現場へ提供する場合にも、どのような集計をするのかという設計を、フィッシュボーンチャートで描けるということです。

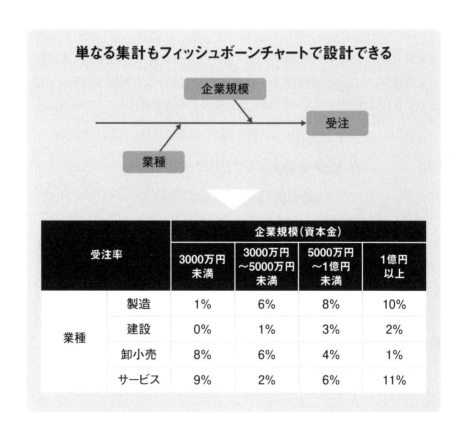

**単なる集計もフィッシュボーンチャートで設計できる**

| 受注率 | | 企業規模（資本金） | | | |
|---|---|---|---|---|---|
| | | 3000万円未満 | 3000万円〜5000万円未満 | 5000万円〜1億円未満 | 1億円以上 |
| 業種 | 製造 | 1% | 6% | 8% | 10% |
| | 建設 | 0% | 1% | 3% | 2% |
| | 卸小売 | 8% | 6% | 4% | 1% |
| | サービス | 9% | 2% | 6% | 11% |

## » あなたのデータ活用の用途は何?

データ活用のタイプ分けのやり方は色々あります。

ここで紹介するのは、次の2つの軸を使って分けるやり方です。

- 軸1（時制）:「過去～現在」(「今まで」と表現）と「現在～未来」(「これから」と表現）のどちらに視点を置くのか?
- 軸2（XY）:説明変数Xと目的変数Yのどちらに視点を置くのか?

整理すると次のようになります。

- 今までのYに着目（今、大丈夫か）
  ・モニタリング
  ・異常検知
- 今までのXに着目（どうなっているのか）
  ・要因分析
- これからのYに着目（どうなりそうか）
  ・将来予測
- これからのXに着目（何をすべきか）
  ・レコメンド

## XY×時制で考えるデータ活用の用途タイプ

| XY | | 時制 | |
|---|---|---|---|
| | | 過去から現在 | 現在から未来 |
| | Yに着目 | ①モニタリング<br>②異常検知 | ④将来予測 |
| | Xに着目 | ③要因分析 | ⑤レコメンド |

　同じフィッシュボーンチャートで描いた数理モデルでも、要因分析のためのものなのか、将来予測のためなのかで、構築する数理モデルが変わったりします。例えば、予測精度を追及する「将来予測」の場合、精度重視のブラックボックス化した数理モデルを構築するかもしれません。要因を探る「要因分析」の場合、解釈性重視の目的変数 Y と説明変数 X の関係性がわかりやすいホワイトボックス化した数理モデルを構築するかもしれません。さらに、それが「計画のため」なのか、「評価のため」なのか、という視点が加わります。

　詳細は、次項の「5つのデータ活用の用途タイプ」で説明します。

　ここまでは、「活用場面」（計画のため・評価のため）と「データ活用の用途タイプ」（モニタリング・異常検知・要因分析・将来予測・レコメンド）のお話をしました。

「テーマ設定」時には、**「活用場面」や「データ活用の用途タイプ」よりも「課題解決に役立つ情報」（予測値や集計値など）と「解決策」とのつながりを考えておく**ことのほうが重要です。

　仮にアクションにつながらない情報（予測値や集計値など）を現場に提供した場合、どうなるでしょうか。恐らく、現場で情報（予測値や集計値など）に基づいたアクションは起こらないことでしょう。

「課題解決に役立つ情報」（予測値や集計値など）と「解決策」とのつながりが見えてこないとテーマとして成立しません。アナリティクスの「設計図構築」時に再検討しますが、「テーマ設定」の「ステップ1−2　テーマ候補の洗い出し」時にもしっかり考えておきましょう。

## 》「解決策」とのつながりは最重要！

データから生成する「課題解決に役立つ情報」は、単に役立ちそうな情報を列挙すればいいというものではありません。

その情報を使い、どのようなアクションを取ればいいのかまで考える必要があります。

新聞の折込チラシを配布しているある小売チェーンの例です。今までは例年通り昨年の同時期と同じ枚数だけチラシを配布しています。販促担当者は、チラシを増やすべきか減らすべきか、そして何枚にすべきか悩んでいました。そこでデータを活用し、チラシの枚数を決められないだろうかと考えました。「解決策」は**「チラシのROIが最大になる枚数にする」**です。ここでは、チラシのROIは「チラシROI ＝ （チラシによる増分売上−チラシ費用）÷チラシ費用」とします。

この企業では、社内の経営企画部門にデータサイエンス推進室が設立されたこともあり、販促担当者はデータ分析の依頼をしました。出てきたのは、チラシと売上の時系列の推移を表したグラフや、平均値や分散といった統計的な指標、チラシと売上の関係性を見える化した散布図や相関係数という統計的な指標などでした。

実際、これだけではアクションを起こせませんでした。「課題解決に役立つ情報」と「解決策」のつながりが明確でないためです。アクションの起こせない情報は、そもそも「課題解決に役立つ情報」とはいえないかもしれません。

## 「つながり」がない

| 情報 | | 解決策 |
|---|---|---|
| ● チラシと売上の時系列の推移を表したグラフ<br>● 平均値や分散といった統計的な指標<br>● チラシと売上の関係性を見える化した散布図と相関係数 | **?** → | ● チラシのROIが最大になる枚数にする |

そこで、次の情報を提供することになりました。

● チラシ ROI が最大になる最適チラシ枚数

さらに、「例年通りの枚数」と「最適チラシ枚数」の2つのケースごとに、

● 売上の予測値
● チラシ ROI

を提供することになりました。

これで、例年のチラシ枚数が「最適チラシ枚数」より多ければ減らし、少なければ増やす、というアクションを起こせます。「最適チラシ枚数」そのものが、何枚にすべきかというレコメンド情報にもなります。

「最適チラシ枚数」を基準に、現実的なチラシ枚数を決定します。実際は、チラシ枚数には配布可能な枚数という意味での上限があるため、際限なく増やすことはできません。

ちなみに、チラシの枚数が増えるとチラシ1枚あたりの効果は低減し費用対効果が悪化します。

そのため、「最適チラシ枚数」といっても、チラシの売上効果（チラシに

よる増分売上）が飽和する枚数なのか、チラシの利益効果（チラシによる増分売上－チラシ費用）が飽和する枚数なのか、チラシのROAS（Return On Advertising Spend、チラシによる増分売上÷チラシ費用）が最大になる枚数なのか、今回の例のようにチラシのROI（（チラシによる増分売上－チラシ費用）÷チラシ費用）が最大になる枚数なのかで、その最適チラシ枚数は異なります。

これが、「課題解決に役立つ情報」（予測値や集計値など）と「解決策」とのつながりです。要するに、この「つながり」とは、情報を使ってどう解決策を実現するのかを描写したものです。

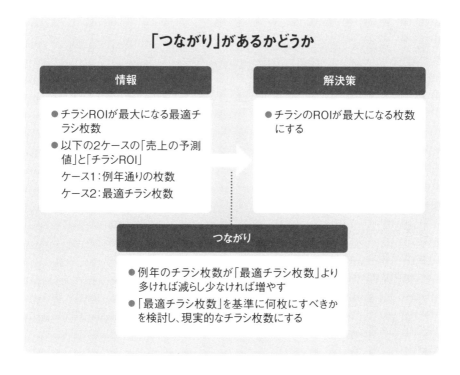

単に、予測値や集計値などをどう出すのかだけを考えるのではなく、予測値や集計値などをどう使いアクションを起こすのかまで考える必要があります。そこまで考えておくと、実現が容易なのかどうかの判断がつきやすくなります。

# 5 » 5つのデータ活用の用途タイプ

## » 「XY×時制」による5つのデータ活用の用途タイプとは?

　前項で、次の2つの軸を使って分けた、5つのデータ活用の用途タイプについて、簡単に紹介しました。

● 軸1（時制）：「過去〜現在」（「今まで」と表現）と「現在〜未来」（「これから」と表現）のどちらに視点を置くのか？
● 軸2（XY）：説明変数 X と目的変数 Y のどちらに視点を置くのか？

　活用場面（評価のため・計画のため）も考慮すると、5つのデータ活用の用途タイプは次のようになります。

● 主に「評価のため」
　・モニタリング
　・異常検知
　・要因分析
● 主に「計画のため」
　・将来予測
　・レコメンド

　今あなたが実施している、もしくは実施しようとしているデータ分析・活用は、5つのデータ活用の用途タイプのどれかに当てはるのではないでしょうか。少なくともビジネスアナリティクスもしくはセールスアナリティクスと呼ばれるデータ分析・活用上では、私の経験上、この5つを押さえておけ

ば、ほぼ問題ありません。

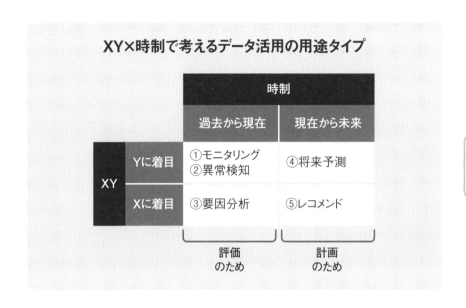

では、5つのデータ活用の用途タイプがどういったものなのか、気になるところだと思います。次から、5つのデータ活用の用途タイプ（モニタリング・異常検知・要因分析・将来予測・レコメンド）について簡単に説明していきます。

## ≫ モニタリング

最もシンプルなデータ活用は**モニタリング**です。実際、モニタリングを実施することは多いでしょう。

モニタリングのいいところは、目的変数Yのデータだけで十分だということです。そのため、手軽に始められます。

例えば、日販をモニタリングするとき、日販のデータさえあれば十分です。受注件数をモニタリングするとき、受注件数のデータさえあれば十分です。不良品数をモニタリングするとき、不良品数のデータさえあれば十分です。

しかし、ただ目的変数Yのデータをグラフ化し眺めても、次につながり

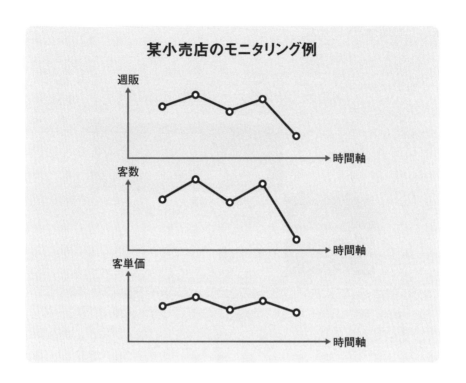

某小売店のモニタリング例

ません。例えば、

● 先週よりも週販が悪化しているなぁ
● ここ数カ月受注件数がほぼ変わらないなぁ
● 最近不良品が増えたなぁ

　……と思うだけで、その先になかなか進めません。特に、データの数字の変化が明確でない場合（例：「週販が先週に比べ2％落ちているけど、悪化しているといい切れる？」「受注件数が99件から111件に増えたけど、よくある変動？」など）、良し悪しの判断がつきにくいです。

## 》 異常検知

　モニタリングをするなら**異常検知**までしましょう。単に目的変数Yのデ

ータをモニタリングする以上の情報を、得ることができます。

ここでいう異常検知とは、モニタリングしている目的変数Yが異常かどうかを判断することです。

単に、目的変数Yのデータを眺めるよりも、その値が正常な範囲なのかどうかを教えてくれることは非常に有意義です。仮に異常値だと判定された場合、「なぜこのような異常が起こったのだろうか？」と、対策が協議されるきっかけになることでしょう。

よく、キャンペーンなどの販売促進の効果を確かめるために、異常検知を利用することがあります。

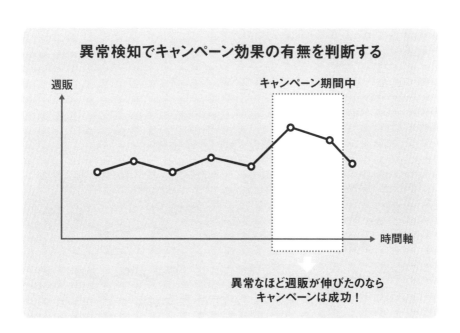

異常検知でキャンペーン効果の有無を判断する

週販　　　　　　　　　　　　　　キャンペーン期間中

時間軸

異常なほど週販が伸びたのなら
キャンペーンは成功！

異常なほど売上が伸びたかどうかを、異常検知で判断することができるからです。

● 異常なほど週販が伸びたなら、そのキャンペーンは大成功
● 週販が異常でない場合、そのキャンペーンは失敗

● 異常なほど週販が落ちたらなら、そのキャンペーンは大失敗

　このような異常検知を実施する場合、通常は異常検知のための数理モデルを構築します。

　特別な数理モデルが必要というわけではなく、簡単な数理モデルでも十分です。

## 》 要因分析

　異常が検知された場合、例えば、

● なぜこのような異常が起こったのか？
● 異常の要因は何だったのか？
● そのためにどのような対策を打つべきなのか？

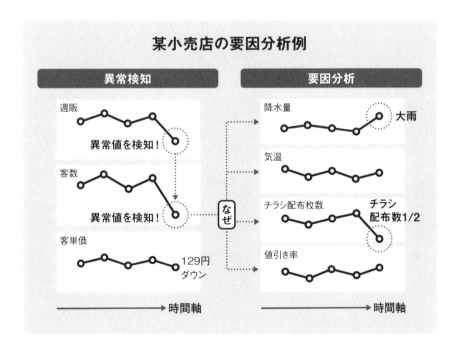

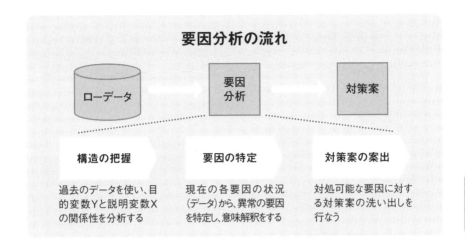

……など、色々と協議されることでしょう。このとき、説明変数 X など のデータがあると非常に便利です。なぜならば、説明変数 X から要因を探 ることができるからです。

そのヒントを提供するためのデータ分析が、**要因分析**です。

例えば、「店舗の週販が悪化したのは、来店客数が減ったからだ」までは モニタリングと異常検知でわかったとします。

「来店客数の減少理由はなんだろうか？」と考えたとき、天候や販促に関す るデータがあることで、来店客数の減少の要因が見えてきます。

来店客数の減少の要因が見えれば、よりよい対策を案出することができる ようになります。

つまり、要因分析とは、単に目的変数 Y と説明変数 X の関係性を分析し、 検知された異常の要因を探るだけでなく、その要因に対する対策案を案出す るところまで含みます。

構造把握した結果（目的変数 Y と説明変数 X の関係性などを分析した結 果）は、よくフィッシュボーンチャートで整理することがあります。

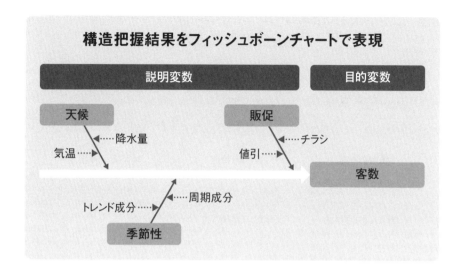

目的変数 Y が常に 1 つであるとは限りません。複数ある場合があります。この場合、このフィッシュボーンチャートも複数作ることになります。

複数のフィッシュボーンチャートを、**パス解析**もしくは**グラフィカルモデリング**という手法を使うことで、1 つのグラフにまとめることがあります。

このように、説明変数 X のデータがあることで、説明変数 X から要因を探ることができます。

しかし、あくまでもデータで取得できている内容だけです。要因分析は、あくまでも手がかりを提供するだけです。実際どうなっていたのかは、人の頭脳を駆使し導き出さなければなりません。

では、もし説明変数 X のデータがまったくない場合、どうなるでしょうか。

それこそ人の頭脳をフル回転し、「一体、何が起こったのか？」を考えていかなくてはなりません。記憶と勘と経験などに頼ることになります。この記憶と勘と経験などは人に依存するために、記憶力に優れ、勘の鋭い、経験豊富な人であれば問題ないかもしれません。そうでない場合、よろしくない方向に突き進む可能性は否めません。

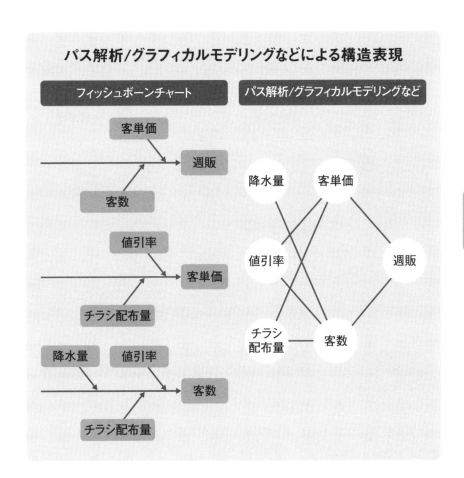

パス解析/グラフィカルモデリングなどによる構造表現

フィッシュボーンチャート

客単価 → 週販
客数

値引率 → 客単価
チラシ配布量

降水量　値引率 → 客数
チラシ配布量

パス解析/グラフィカルモデリングなど

降水量　客単価
値引率　週販
チラシ配布量　客数

## ≫ 将来予測

　要因分析を実施したら、予測のための数理モデルを構築することができます。少なくとも、先ほどの例で説明したフィッシュボーンチャートを描ければ、説明変数 X と目的変数 Y の関係を数式などで表現し、予測モデルを構築できるはずです。

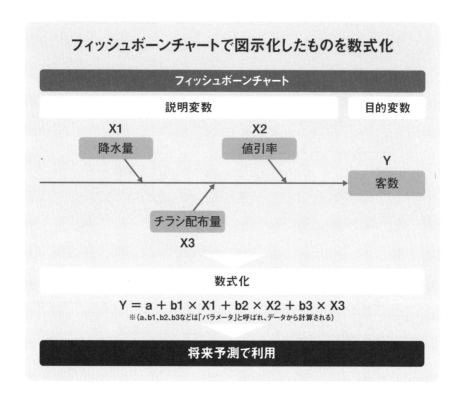

フィッシュボーンチャートで図示化したものを数式化

要因分析までは過去から現在の議論ですが、将来予測は現在から未来の議論になります。

例えば、「店舗の来店客数が減ったのは、豪雨と折込チラシの量が少なかったからだ」までは要因分析でわかったとします。

「では、折込チラシの量を増やそう」、となるかもしれませんが、そう単純な話でもありません。

「どのくらいの量が適正なのか？」「チラシのサイズはどうか？」など色々悩みどころがあります。さらに、降水量が一定水準を上回るとチラシをいくらまいても集客は難しいかもしれない、チラシ以外の販促施策で代替できないだろうか、なども考えられます。

そこで、「説明変数Xを変化させたときに目的変数Yがどうなるのか？」をシミュレーションできたら素敵だと思いませんか。

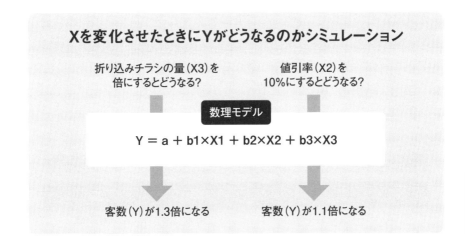

Xを変化させたときにYがどうなるのかシミュレーション

折り込みチラシの量(X3)を
倍にするとどうなる？

値引率(X2)を
10%にするとどうなる？

数理モデル

Y = a + b1×X1 + b2×X2 + b3×X3

客数(Y)が1.3倍になる

客数(Y)が1.1倍になる

　数理モデルでシミュレーションしながら、実施すべき施策を検討すること
ができます。

## ≫ レコメンド

　モニタリングや異常検知、要因分析、将来予測でも、何をすべきかが見え
てくることはありますが、より確実にアクションを起こすために、ズバッと
施策を示せたらいいでしょう。

　いわゆる、アクションのレコメンドです。レコメンドのためのデータサイ
エンス技術といっても、いくつかやり方があります。

　例えば、次の3つです。

● シミュレーションによる試行錯誤
● 数理最適化モデル
● レコメンドモデル

「シミュレーションによる試行錯誤」とは、**構築した予測モデルを使い、シ
ミュレーションを実施することで、最適なアクションを探ろうというアプロ
ーチ**です。

先ほども説明しましたが、「説明変数 X を変化させたときに目的変数 Y がどうなるのか？」をシミュレーションしながら、実施すべき施策を検討します。

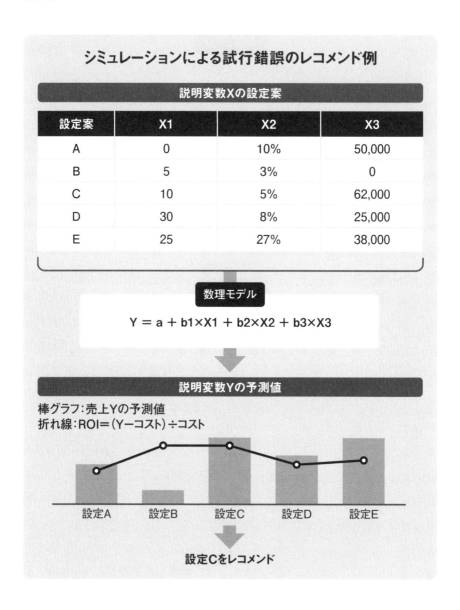

**シミュレーションによる試行錯誤のレコメンド例**

| 設定案 | X1 | X2 | X3 |
|---|---|---|---|
| A | 0 | 10% | 50,000 |
| B | 5 | 3% | 0 |
| C | 10 | 5% | 62,000 |
| D | 30 | 8% | 25,000 |
| E | 25 | 27% | 38,000 |

説明変数Xの設定案

数理モデル

$$Y = a + b1 \times X1 + b2 \times X2 + b3 \times X3$$

説明変数Yの予測値

棒グラフ：売上Yの予測値
折れ線：ROI＝（Y－コスト）÷コスト

設定A　設定B　設定C　設定D　設定E

**設定Cをレコメンド**

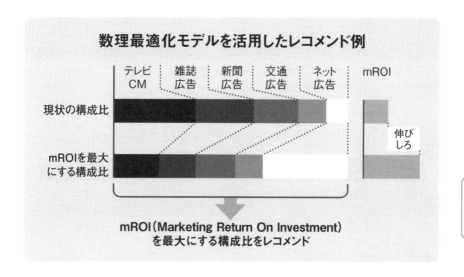

数理最適化モデルを活用したレコメンド例

テレビCM／雑誌広告／新聞広告／交通広告／ネット広告／mROI

現状の構成比

mROIを最大にする構成比

mROI（Marketing Return On Investment）
を最大にする構成比をレコメンド

伸びしろ

「数理最適化モデル」とは、**数理計画法というアルゴリズムを使って、最適解を数理的に求めるアプローチ**です。「シミュレーションによる試行錯誤」のような試行錯誤をせずに求めるのが特徴です。

例えば、マーケティングの広告・販促であればmROI（Marketing Return On Investment）を最大化する広告・販促費の最適配分（説明変数X、Xはコスト配分）を求めるであるとか、開発・生産系であれば一定基準以上の品質特性（通常Yは1変量ではなく多変量）を実現するための最適な設計条件（説明変数X）を求めるであるとか、目的変数Yを最大化もしくは最小化するための説明変数Xを算出します。

数理計画法（線形計画法・非線形計画法・混合整数計画法など）のモデリング技術（事象の数式化）はそれなりのスキルが必要なため、ツールがあればできるというものではありませんが、非常に強力な手段のひとつです。

「レコメンドモデル」とは、**協調フィルタリングなどのレコメンド用の数理モデルを使い、実施すべきアクションを求めるアプローチ**です。簡単な協調フィルタリングであれば、Excelだけでも実現可能です。

レコメンドモデルには、協調フィルタリング以外にも色々あります。代表的なものは、**内容（Content）ベース型**や**知識（Knowledge）ベース型**などです。

## 代表的なレコメンドモデルである協調フィルタリング

### 商材ベースの協調フィルタリング

顧客の購入実績から**商材間の買われ方の類似度**を計算し商材をレコメンドする

※1:購入、0:未購入

|  | 商材1 | 商材2 | 商材3 | 商材4 | 商材5 | … |
|---|---|---|---|---|---|---|
| 顧客A | 1 | 1 | 0 | 0 | 0 | |
| 顧客B | 1 | 1 | 1 | 0 | 1 | |
| 顧客C | 1 | ⓪ | 0 | 0 | 1 | |
| 顧客D | 0 | 0 | 1 | 1 | 1 | |
| 顧客E | 0 | 0 | 1 | 0 | 1 | |

**商材1を購入する顧客は商材2も購入しているケースが多いから、商材1を購入した顧客Cに商材2を勧める**

### 顧客ベースの協調フィルタリング

顧客の購入実績から**顧客間の買い方の類似度**を計算し商材をレコメンドする

※1:購入、0:未購入

|  | 商材1 | 商材2 | 商材3 | 商材4 | 商材5 | … |
|---|---|---|---|---|---|---|
| 顧客A | 1 | 1 | 0 | 0 | 0 | |
| 顧客B | 1 | 1 | 1 | 0 | 1 | |
| 顧客C | 1 | 0 | 0 | 0 | 1 | |
| 顧客D | 0 | 0 | 1 | 1 | 1 | |
| 顧客E | 0 | 0 | 1 | ⓪ | 1 | |

**商材4を顧客Dは購入しているが、似たような購入実績の顧客Eは購入していないので、顧客Eに商材4を勧める**

内容ベース型では、顧客の特徴と商材の特徴を用いてレコメンドします。

ざっくりいうと、「顧客の好みに合致した特徴を持った商材をレコメンドする」という感じです。協調フィルタリングが、顧客と商材の関係性（例：購買）、つまり目的変数 Y（例：購買の有無）だけを活用していることから考えると、必要なデータが増えます。要は、説明変数 X や調整変数 Z などが必要になります。

　知識ベース型には、大きく「制約（Constraint）ベース型」と「ケース（Case）ベース型」があります。制約ベース型は、利用者が提示した要求を制約条件としてレコメンド可能な解を探索し、提示します。ケースベース型は、利用者が提示した要求との類似度をベースにレコメンド可能な解を探索し、提示します。この2つを混合させてレコメンドモデルを構築することも多いです。例えば、制約ベース型レコメンドモデルでレコメンド候補を絞り込み、絞り込んだレコメンド候補に対しケースベース型で類似度評価し最終的なレコメンドを実施する、などです。


　最後に1つ、忘れていけないことがあります。それは、**多くの人はレコメンド通りには動かない**ということです。

　例えば、Amazon がレコメンドした書籍を、毎回そのまま購入する人は少ないと思います。参考にするかもしれませんが、最後は人が意思決定し購入していることでしょう。

　先ほどあげた、広告費の最適配分の例の場合、数理最適化モデルを活用することで、ズバッと最適なコストの構成比が出てきます。しかし私の経験上、数理的に算出した最適配分の通りに、広告予算を組むことはまずありません。このレコメンドされた最適予算配分をもとに、人が最後調整して決めます。


　要は、レコメンドされたことを参考に、最後は微調整し意思決定することが多いということです。もしかしたら、これからは最終的な意思決定を、人ではなく AI（人工知能）が実施する時代が来るかもしれません。

Data
driven
sales

第 **4** 章

ビジネス成果に
つながる
「アナリティクス」
の進め方

# 1 » アナリティクスの 考え方と流れ

## » アナリティクスの3ステップの概要

データ分析・活用の3ステップ（テーマ設定・アナリティクス・ビジネス活用）の最初のステップは「テーマ設定」で、その次がステップ2の**「アナリティクス（データ分析や数理モデル構築）」**です。

この「アナリティクス」のステップは、次の3つのステップに分かれます。

- ステップ2−1　設計図構築
- ステップ2−2　データ準備
- ステップ2−3　モデル構築

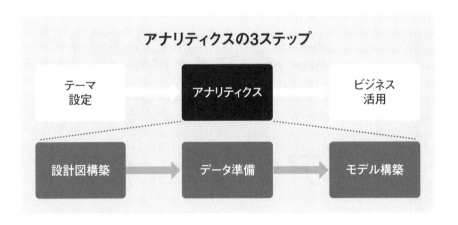

アナリティクスの3ステップ

テーマ設定　アナリティクス　ビジネス活用

設計図構築　→　データ準備　→　モデル構築

データ分析やデータサイエンス、機械学習と聞いて多くの人がイメージするのが、モデル構築の部分でしょう。しかし、実際は「テーマ設定」を含

め、モデル構築に至るまでに考え、検討し、手を動かさなければならないことがたくさんあります。

　データ分析・活用の取り組みは最初が肝心です。繰り返しますが、最重要なのは「テーマ設定」になります。筋の悪いテーマを選んだばかりに、苦労が絶えないばかりか、苦労して実現した成果が非常に小さいからです。
「アナリティクス」に限定して考えたときも、最初の **「設計図構築」** が肝心です。アナリティクスの設計図がしっかりできているかどうかは、その構築モデルが現場で活用され成果を生むかどうかを左右します。ただ、構築されたモデルがたまたま成果を生むこともあります。「たまたまうまくいった」ではなく、より確実にビジネス成果を出すために、よりよい数理モデルを構築し実施するのが「設計図構築」です。

「設計図構築」の次に **「データ準備」** に移ります。「データ準備」は、実際にデータを集め整備し、数理モデルを構築するための「データセット」を作るまでです。地味に時間がかかります。特にデータを整備するのに、時間がかかることが多いです。地味な作業です。
　要するに、数理モデル構築の前がかなり大事ということです。

　アナリティクスの最後のステップは「モデル構築」です。「設計図構築」時に作成したアナリティクスの設計図を参考に、「データ準備」時に準備したデータセットを使い、数理モデルを構築していきます。

## ≫ 「設計図構築」の3ステップ

「ステップ2-1　設計図構築」は次の3つのステップに分かれます。

● ステップ2-1-1　テーマ情報整理
● ステップ2-1-2　数理モデルの設計
● ステップ2-1-3　プロトタイプ開発計画の立案

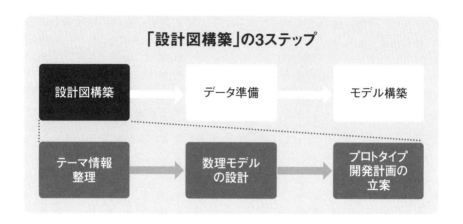

「設計図構築」の3ステップ

設計図構築 → データ準備 → モデル構築

テーマ情報
整理 → 数理モデル
の設計 → プロトタイプ
開発計画の
立案

　ステップ2－1－1の「テーマ情報整理」で、「テーマ設定」時に選定したフォーカステーマがどういったテーマであるのかを整理し、まとめていきます。

　ステップ2－1－2の「数理モデルの設計」で、構築する数理モデルのプロトタイプを設計していきます。その設計した数理モデルのプロトタイプの開発スケジュールを組むのがステップ2－1－3の**「プロトタイプ開発計画の立案」**です。このとき、数理モデルの評価指標なども検討します。

　この「設計図構築」は非常に重要なので、この「設計図構築」のみ、次項でステップ by ステップで説明します。

## 》「データ準備」の3ステップ

「ステップ2－1　設計図構築」の次は、「ステップ2－2　データ準備」です。次の3つのステップに分かれます。

- ● ステップ2－2－1　データ収集
- ● ステップ2－2－2　データ整備
- ● ステップ2－2－3　データセット生成

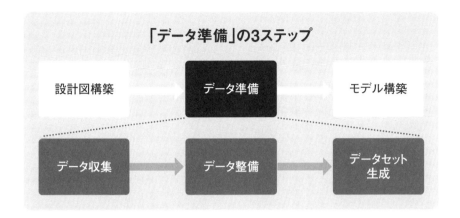

「データ準備」が目指すところは、データ分析や数理モデル構築のための
**「データセット」** を作ることです。

## データセットのイメージ

データ変数・項目・カラム（列）

| 顧客ID | 日付 | 対象商材 | 問合経路 | 営業開始日 | 営業ステータス | イベント参加の有無 | 受注の有無 |
|---|---|---|---|---|---|---|---|
| | | | | | | | |
| | | | | | | | |
| | | | | | | | |
| | | | | | | | |
| | | | | | | | |
| | | | | | | | |
| | | | | | | | |
| | | | | | | | |
| | | | | | | | |
| | | | | | | | |
| | | | | | | | |
| | | | | | | | |
| | | | | | | | |

ケース（行）

この「データセット」は、データを集めてくればすぐに準備できるもので
はありません。そもそも、データを集めるのに時間がかかったりしますし、

集めたデータの整備にも時間がかかります。

　それでは、「データ準備」の3ステップについて簡単に説明します。

## ステップ2-2-1　データ収集

　まず、ステップ1の「テーマ設定」時に考えた「課題解決に役立つ情報」（予測値や集計値など）を作るのに必要なデータを集めます。集めるデータは、ステップ2-1の「設計図構築」時に作成する**データソース整理シート**に記載されています。「データソース整理シート」については、次項で詳しく説明します。

　やることは明快なのですが、思うようにデータは集まりません。「組織の壁」が立ちはだかったり、「前例がないからダメという壁」が立ちはだかったり、「人的な余裕がないから今はムリという壁」が立ちはだかったり様々です。

　日本の大企業の場合、データを管理している企業が、自社のグループ内の別の企業だったりすることがあります。その場合、企業間取引となりそれなりの手続きやコストが発生したりします。また、グループ外の別の企業にデータの管理を丸投げしているケースもあります。このような場合、データがあるのに入手に手間取り非常に時間がかかったりします。

　また、データを蓄積しているクラウドサービスの設定ミスで「データを上書き設定」にし最新の状態のデータしかなく、過去データが消失していたケースもあります。

　過去データを蓄積するとコストがかかるという理由で、「データを残さない設定」にし、過去データがまったくないケースもあります。他部署の人から見たら、そのようなデータ破棄が行なわれていることはわかりません。データを集める段階で発覚することが多いです。あると思ったデータがないのです。

　そのため、データ収集に挑みながら「設計図構築」時に作成した「データソース整理シート」を常に書き換える作業が発生します。

# 「データソース整理シート」をもとにデータ収集

| データソース整理シート | | | | | | |
|---|---|---|---|---|---|---|

| 課題解決に役立つ情報（予測値や集計値など） | 受注率の予測値 |
|---|---|

| 変数名<br>（＋ラベル） | ある or<br>なし | ある場合<br>（データソース名） | ない場合<br>（代替データ） | 入手の<br>容易性 | 整備時期 | 備考 |
|---|---|---|---|---|---|---|
| y<br>（受注の有無） | ない | | 失注の定義を決め<br>データを作る<br>（受注失注データ） | 容易では<br>ない | 即整備 | 定義を決める<br>分析が必要 |
| x11<br>（自社開催<br>イベントの<br>案内回数） | ない | | Outlook（営業が<br>送ったメール）や<br>メール配信ツール | 容易では<br>ない | 要検討 | 複数のデータ<br>ソースのデータ<br>抽出し整備が<br>必要 |
| x12<br>（ネット広告料） | ある | 広告費データ | | 容易では<br>ない | 要検討 | 広告代理店との<br>やり取りが必要。<br>データ整備必須 |
| x21<br>（自社開催<br>イベントの<br>参加回数） | ある | CRM部署に<br>あるイベント<br>管理Excelシート | | 容易では<br>ない | 即整備 | CRM部署との<br>やり取りが必要。<br>データ状態不明 |
| x22<br>（資料<br>ダウンロードの<br>有無） | ある | Marketo | Google<br>Analytics | 容易 | 即整備 | |
| x31<br>（資本金） | ある | 顧客DB | 企業情報を<br>購入する | 容易 | 即整備 | |
| x32<br>（業種） | ある | 顧客DB | 企業情報を<br>購入する | 容易 | 即整備 | |
| x41<br>（月） | ない | | カレンダー情報の<br>データを作る<br>（カレンダーデータ） | 容易 | 即整備 | |
| x51<br>（鉱工業用<br>生産財出荷指数） | ある | 経済産業省・<br>鉱工業指数<br>（生産・出荷・在庫、<br>生産能力・稼働率） | | 容易 | 即整備 | |
| z11<br>（状態） | ある | Marketo | 営業への<br>ヒアリング | 不明 | 即整備 | データが上書き<br>されている<br>可能性がある |

**「設計図構築」時に作成する「データソース整理シート」をもとにデータ収集**
※詳細は第4章2項「ステップbyステップで進める『設計図構築』」で説明

面白いことに、意外なデータを発見することもあります。他部署の人が知らないデータです。現場独自のローカルなデータベースに格納されているデータや、現場担当者のPCの中だけに存在するデータなどです。

### ステップ2−2−2　データ整備

　データを収集したら、次にすべきは集めたデータの整備です。

　第3章3項で、データ分析・活用の準備段階で、ある程度のデータ分析などが必要になるといいました。ざっくりいうと、ステップ1の「テーマ設定」時のデータ分析と、今回の「データ整備」時のデータ分析があります。

　この2つのデータ分析には、分析方法に大きな違いがあります。「テーマ設定」時のデータ分析は「定性分析」が中心になのに対し、**「データ整備」時のデータ分析は「定量分析」が中心**になるという違いです。

---

## 「テーマ設定」時のデータ分析と「データ整備」時のデータ分析

### 「テーマ設定」時のデータ分析

- 親和図法
- 系統図法
- 特性要因図（フィッシュボーンチャート、魚の骨図）

などの定性分析がメイン

### 「データ整備」時のデータ分析

- ヒストグラム
- 管理図
- 散布図
- パレート図
- マトリクスデータ解析法（多変量解析）

などの定量分析がメイン

---

　「データ整備」時のデータ分析で、よくあるのは次の4つのデータ分析です。

- 【1】データのコンディションチェックと特徴把握のための基礎分析（グラフ化・基本統計量・多変量解析など）
- 【2】データの修繕作業（欠測値補完・外れ値処理・名寄せ・コード化な

ど）のためのデータ分析

- ●【3】目的変数Yの定義と生成のためのデータ分析
- ●【4】説明変数Xなど特徴量の生成や選定のためのデータ分析

　他にもあるかもしれませんが、少なくとも、何かしらの「定量分析」をガッツリやることになります。難しいデータ分析技術を使うわけではありません。ただ、探索的なデータ分析（EDA = Exploratory Data Analysis）になるため、それなりにロジカルに考えながら分析を進めないと、時間を浪費します。そして、ある程度の忍耐強さが求められます。

　具体的にどういったことをするのかは、第4章4項「『データ整備』時に実施するデータ分析」で説明します。

### ステップ2−2−3　データセット生成

　先ほどもいいましたが、「データ準備」が目指すところは、データ分析や数理モデル構築のための「データセット」を作ることです。
　「データセット」は、次ページのような**「データの値の入ったスプレッドシート（もしくはファイル）」**と**「変数の定義が記載されているスプレッドシート（もしくはファイル）」**の2つから構成されます。

　Excelなどであれば、1つのファイルの中に、データの入ったシートと変数の定義が記載されているシートの「2つのシート」を作ることが多いと思います。CSVファイルなどであれば、データの入ったファイルと変数の定義が記載されているファイルの、2つのファイルに分けることになります。
　通常は、「データの値の入ったスプレッドシート（もしくはファイル）」を、データ分析や数理モデルの構築を実施する分析ツールへ読み込み（Import）利用します。「変数の定義が記載されているスプレッドシート（もしくはファイル）」は、どのようなデータなのかを理解するために利用します。

# データセットのイメージ

| データの値の入ったスプレッドシート | | | | | |
|---|---|---|---|---|---|
| date | y | x1 | x2 | x3 | x4 |
| 2016/6/6 | 2711199 | 18.3 | 0 | 0.006 | 0 |
| 2016/6/7 | 3277070 | 19.8 | 0.9 | 0.002 | 0 |
| 2016/6/8 | 2124999 | 22.8 | 0.5 | 0.002 | 0 |
| 2016/6/9 | 2623474 | 23.1 | 7 | 0.005 | 0 |
| 2016/6/10 | 3024430 | 22.2 | 0 | 0.003 | 0 |
| 2016/6/11 | 4428950 | 22.1 | 0 | 0.287 | 75000 |
| 2016/6/12 | 4946739 | 22.1 | 0 | 0.257 | 75000 |
| 2016/6/13 | 1958831 | 18.8 | 79.8 | 0.004 | 0 |
| 2016/6/14 | 2820552 | 22.9 | 0 | 0.004 | 0 |
| 2016/6/15 | 3053229 | 19.3 | 0 | 0.003 | 0 |
| 2016/6/16 | 2633125 | 23.5 | 7.2 | 0.002 | 0 |
| 2016/6/17 | 2904888 | 22.9 | 0.9 | 0.004 | 0 |
| 2016/6/18 | 5576488 | 28.5 | 0 | 0.204 | 60000 |
| 2016/6/19 | 4630418 | 22.1 | 1.5 | 0.177 | 60000 |

| 変数の定義が記載されているスプレッドシート | | | | |
|---|---|---|---|---|
| 変数 | 意味 | 目的変数Y | 説明変数X | 備考 |
| date | 年月日 | | | |
| y | 売上 | ✔ | | 1日の売上（日販） |
| x1 | 平均気温 | | ✔ | |
| x2 | 降水量 | | ✔ | |
| x3 | 平均値引率 | | ✔ | |
| x4 | チラシ配布量<br>（有効日ベース） | | ✔ | チラシを新聞に折り込み、まいたのが<br>金曜日で、チラシの有効日が休日 |

## 》「モデル構築」の3ステップ

「アナリティクス」の最後のステップは **「モデル構築」** です。ここで構築した数理モデルをそのまま現場で使うこともありますが、ここでは主に「数理モデルの『作り方』」を検討することになります。ビジネス活用時には、ここで検討した「作り方」で、新たに発生したデータを都度加えながら再学習し数理モデルをアップデートし続け、現場で活用します。

「ステップ2－3　モデル構築」は次の3つのステップに分かれます。

● ステップ2－3－1　タイプ選定
● ステップ2－3－2　学習・評価
● ステップ2－3－3　アナリティクスフロー整理

　準備したデータセットに対し、「アナリティクス」の「設計図構築」時に作成する「モデル設計シート」をもとに、数理モデルを構築していきます。

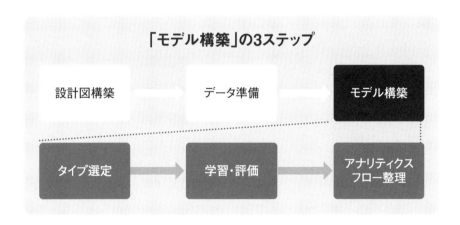

「モデル設計シート」については、「4－2　ステップ by ステップで進める『設計図構築』」で後ほど説明します。

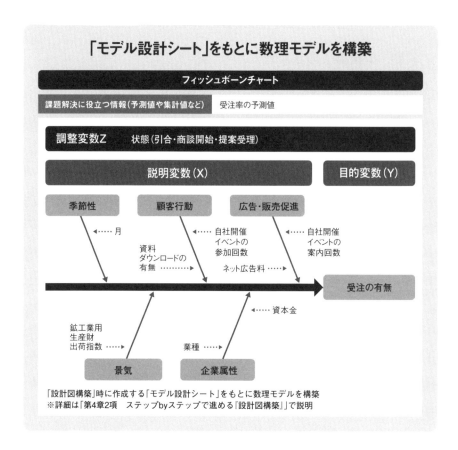

# 「モデル設計シート」をもとに数理モデルを構築

## フィッシュボーンチャート

課題解決に役立つ情報(予測値や集計値など)　受注率の予測値

調整変数Z　状態(引合・商談開始・提案受理)

説明変数(X)　　　　　　　　目的変数(Y)

季節性　　　顧客行動　　　広告・販売促進

・・・・・月　　　　・・・・・自社開催　　　・・・・・自社開催
　　　　　　　　　　　イベントの　　　　イベントの
資料　　　　　　　　参加回数　　　　案内回数
ダウンロードの
有無 ・・・・・・・・　　　ネット広告料 ・・・・・

受注の有無

・・・・・ 資本金
鉱工業用
生産財
出荷指数 ・・・・・　　　業種 ・・・・・

景気　　　　　　企業属性

「設計図構築」時に作成する「モデル設計シート」をもとに数理モデルを構築
※詳細は「第4章2項　ステップbyステップで進める『設計図構築』」で説明

### ステップ2−3−1　タイプ選定

　ここでいう数理モデルのタイプとは、**アルゴリズム**のタイプです。「アルゴリズムとは何ぞや?」と思われた方もいるかもしれませんが、「モデルの作り方や手順、方式」と解釈していただければと思います。

　数理モデルを構築するためのアルゴリズムはたくさんあります。例えば、売上などの量を予測する数理モデルでも、**線形回帰モデル**という数理モデルを構築するアルゴリズムもあれば、**ニューラルネットワーク**という数理モデルを構築するアルゴリズムもあれば、**ディシジョンツリー**(この場合には回帰木)という数理モデルを構築するアルゴリズムもあります。

　売上などの量を予測するという用途で考えたとき、どれでも構いません。

とりあえず、数理モデルのアルゴリズムを何かしら選ぶ必要があります。それが、「モデル構築」の最初のステップである**「タイプ選定」**です。

データ分析の世界では、昔から数理モデル選びのための**チートシート（カンニングペーパー）**というものが作られてきました。例えば、多変量解析などの教科書によく掲載されていました。多変量解析で登場する数理モデルがたくさんあるためです。

ある時期から、ニューラルネットワークやディシジョンツリー、SVM（サポートベクターマシーン）などのデータマイニングなどで使われる数理モデルが加わり、さらにベイズ系の数理モデルやアンサンブル系の数理モデルなど多種多様なものが加わりました。

最近よく見かける数理モデルのタイプを選ぶチートシートがあります。**「Microsoft Azure Machine Learning Algorithm Cheat Sheet」**と**「Python Scikit-Learn Algorithm Cheat-Sheet」**です。

**「Microsoft Azure Machine Learning Algorithm Cheat Sheet」**は、Microsoft の Azure Machine Learning 上に実装されている数理モデルのア

## Microsoft Azure Machine Learning Algorithm Cheat Sheet

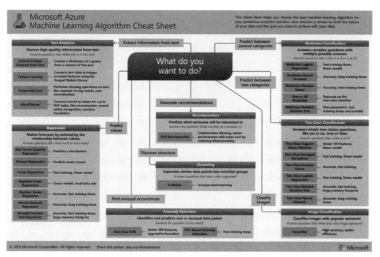

https://docs.microsoft .com/ja-jp/azure/machine-learning/algorithm-cheat-sheet

ルゴリズムを選ぶためのチートシートです。

　登場する数理モデルは一般的なものがほとんどです。そのため、Microsoft の Azure Machine Learning を使わない方でも、モデル選定時の参考にすることができます。

　「**Python Scikit-Learn Algorithm Cheat-Sheet**」は、Python というフリーのプログラミング言語の中で使える「Scikit–Learn」というライブラリを使うときに利用します。「Scikit–Learn」というライブラリの中に実装されている数理モデルのアルゴリズムを選ぶためのチートシート（カンニングペーパー）です。

　こちらも、登場する数理モデルは一般的なものがほとんどです。そのため、Python の「Scikit–Learn」を使わない方でも、モデル選定時の参考にすることができます。

## Python Scikit –Learn Algorithm Cheat –Sheet

https://scikit-learn.org/stable/tutorial/machine_learning_map/

　このようなチートシートを使うことで、不適切な数理モデルのアルゴリズム選定を避けることができます。

　問題は、チートシートをもとに数理モデルを選ぶにしても、どれを選ぶべきか迷うことが多いです。例えば、「Microsoft Azure Machine Learning Algorithm Cheat Sheet」と「Python Scikit–Learn Algorithm Cheat-

Sheet」で「量を予測する」という用途で数理モデルの選定をしようとすると、「Regression」（回帰）というアルゴリズム群に行き着きます。

そのアルゴリズム群の中から、どの数理モデルのアルゴリズムを選べばいいのでしょうか？

予測用途であれば、予測精度の一番高い数理モデルのアルゴリズムを選びたいでしょう。そうなると、「Regression」というアルゴリズム群にある数理モデルを、色々と試してみる必要が出てきます。

ここでご紹介したチートシートには、時系列系の数理モデルがあまり登場してきません。上記の数理モデルの説明変数 X などをうまく工夫し対応するか、時系列用の数理モデルを使うかという選択になります。

例えば、Python の「sktime」や「darts」などの時系列系の数理モデルを集めたライブラリなどがあります。そういったものを使うのがいいでしょう。時系列系の数理モデルで実施する欠測値補完などの前処理も実施できるため、非常に便利です。

### ステップ2−3−2　学習・評価

数理モデルのアルゴリズムのタイプを選んだら、分析ツールなどを使って数理モデルを作成していきます。ちなみに、数理モデルを作成することを「**学習**」といいます。

データ分析ツールには無料で使えるものと、有料のものがあります。無料で使えるもので有名なのは **R** や **Python** などです。有料で使えるもので有名なのは **SAS** や **SPSS**、**STATA** などです。

正直、どの分析ツールを使っても問題ありません。多くの場合、好みとスキルとお金の問題です。有料のもののほうが、操作画面などの GUI（グラフィカル・ユーザ・インターフェース）がきれいで使いやすいです。無料で使える R や Python は、どちらもプログラミングをしなければならないため、やや敷居が高いですが、慣れれば問題ないでしょう。

他には、Excel なども使えます。Excel の「データ分析」や「ソルバー」、「VBA」などをうまく使うことで、それなりのデータ分析や数理モデル構築

を実施することができます。さらに、「**Excel 統計**」などの有料の分析用の
アドインを購入しインストールすることで、使い慣れた Excel の分析機能
を大幅に拡張することもできます。


　データセットを使い数理モデルを作成するとき、選択した数理モデルのア
ルゴリズムのタイプに応じて、**パラメータ**というものを設定する必要があり
ます。パラメータの設定の仕方で、作成される数理モデルが変わります。
　多くの場合、利用する分析ツールで、既に何かしらの設定がなされていま
す。つまり、分析ツールの中で決められたデフォルト値が設定されていま
す。そのため、最初はパラメータの設定を意識せず、数理モデルを作成して
構いません。
　しかし、よりよい数理モデルを手にするためには、**パラメータをチューニ
ング（調整）**する必要があり、そのための作業が発生します。経験と勘が求
められる作業で、経験の浅い方や勘の悪い方が実施すると、数理モデルの精
度がどんどん悪化していきます。
　このパラメータ・チューニングは、非常に時間がかかることもあります。
例えば、1つの数理モデル構築に2時間必要な場合、1日（24時間）で試せ
るパラメータ設定のパターンは12パターンだけです。通常は、スペックの高
いコンピュータを複数台準備するか、うまく並列計算させるか、何かしらの
工夫が必要になります。最適なパラメータを探す旅が始まります。
　数理モデルを作成したら、その数理モデルの良し悪しを評価しなければな
りません。評価基準には色々あります。教科書的な評価指標でも構いません
し、独自に評価指標を生成して用いても構いません。具体的には、第4章3
項「モデルの評価指標と評価方法」で説明します。


　ここまでの流れをまとめると、**「数理モデルのタイプを選び、パラメータ
を設定し、準備したデータセットを使い数理モデルを作成し、そして評価す
る」**という流れになります。
　しかし、多くの場合1回で満足のいく数理モデルを構築できることはあり
ません。パラメータを変更したり、数理モデルのタイプを変えたり、データ

セットそのものを作り替えることもあります。パラメータのチューニングだけでも時間がかかりそうなのに、さらに数理モデルのタイプやデータセットそのものをいじるとなると、膨大な時間が必要になりそうです。

要するに、数理モデル構築は右往左往しながら進むのです。

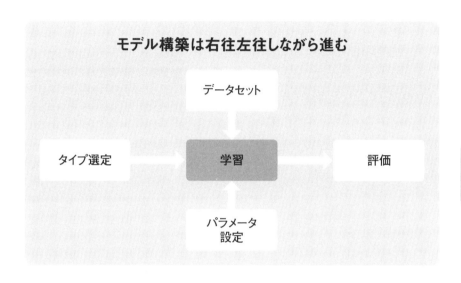

数理モデル構築は右往左往しながら進めますが、この右往左往を楽にするための技術が最近出始めています。**AutoML（自動機械学習）**というものです。このあたりは、本章5項で説明します。

### ステップ2－3－3　アナリティクスフロー整理

学習した数理モデルが評価結果から十分であると判断したら、最後に数理モデルを学習し作成するまでの流れを整理しましょう。

収集データからデータセットを作成し、数理モデルを学習するまでの流れです。恐らく、収集データからデータセットを作成するまでに、様々なデータ加工や集計などを実施していることでしょう。それらの手順を整理し再現性のあるものにします。モデル構築した人以外でも実施できるようにするということです。

場合によっては、プログラミングコードやデータテーブルが散在している

状態をきれいにしていきます。意外と骨の折れる作業です。

　これでアナリティクスの3ステップ（設計図構築・データ準備・モデル構築）の流れの説明は終了です。次項からは、アナリティクスの各ステップの肝となるポイントを中心にお話しします。

　ステップ2－1の「設計図構築」は、全体が肝となるので、ステップbyステップで具体的な進め方を説明します。

　ステップ2－2の「データ準備」は、データ整備時に簡単とはいえ、それなりのデータ分析を実施する必要があるため、その点について説明します。

　ステップ2－3の「モデル構築」は、作ったモデルをビジネス活用する前に、その良し悪しを評価する必要があるため、そのあたりを中心に説明します。さらに、最近話題のAutoML（自動機械学習）とXAI（説明可能AI）についても触れます。

# 2 » ステップbyステップで進める 「設計図構築」

## » 「設計図構築」の3ステップ

　前項で述べた通り、「アナリティクス」の「ステップ2－1　設計図構築」は非常に重要です。そのため、この「設計図構築」の具体的な進め方について、テンプレート化したワークシートを使いながら、ステップ by ステップで説明していきます。

- ● ステップ2－1－1　テーマ情報整理
- ● ステップ2－1－2　数理モデルの設計
- ● ステップ2－1－3　プロトタイプ開発計画の立案

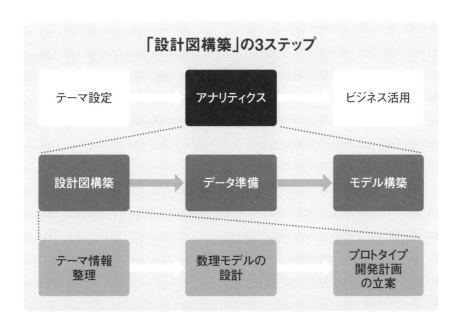

「設計図構築」の3ステップ

テーマ設定 → アナリティクス → ビジネス活用

設計図構築 → データ準備 → モデル構築

テーマ情報整理　数理モデルの設計　プロトタイプ開発計画の立案

## ステップ2−1−1 ≫ テーマ情報整理

　第3章2項「ステップ by ステップで進める『テーマ設定』」では、たくさんのシートを使い、データ分析・活用のテーマを抽出し絞り込んでいきました。最終的には、取り組む「課題単位」であるフォーカステーマをいくつか選んだかと思います。

　この取り組むテーマに対し、ここで情報整理をしていきます。情報整理中に、このテーマはやめよう、となることもあります。

　ちなみに、このような情報整理はテーマごとに実施していきます。例えば、データ分析・活用のテーマを5つ選定した場合には、同様の情報整理を5回行ないます。

　ステップ2−1−1の「テーマ情報整理」の流れは、次のようになります。

- 【1】テーマの状況整理
- 【2】活用ストーリーの作成
- 【3】評価指標の設計

　【1】の「テーマの状況整理」では、**選定したフォーカステーマの状況**を整理します。

　【2】の「活用ストーリーの作成」では、**具体的に現場でデータから生み出された情報（予測値や集計値など）をどう活用するのか**を描きます。この段階で、選定したテーマを実現するのが無理であることが発覚するケースがあります。その場合には、別のテーマに取り組みましょう。

　【3】の「評価指標の設計」では、**「目標指標（KGI）」や「状態遷移図・プロセス図」**などをもとに、**評価指標を設計**していきます。このとき、計算方法を検討し現状の値を算出します。可能であれば、「ビジネス活用」時の計画値なども明示化していきます。

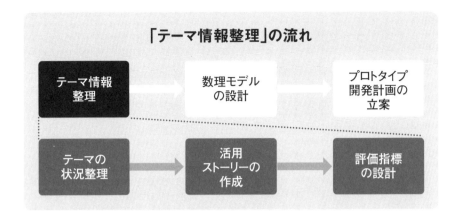

「テーマ情報整理」の流れ

具体的な進め方を、第3章2項と同じ例を使って説明していきます。この
とき、**「テーマ情報整理シート」**というテンプレートを使います。

「テーマ情報整理シート」は、次の4つのページで構成されています。

- 「テーマ状況」ページ
- 「活用ストーリー」ページ
- 「情報の使い方」ページ
- 「評価指標」ページ

# テーマ情報整理シートの「テーマ状況」ページ

| テーマ状況 | | | | | |
|---|---|---|---|---|---|
| お困りごと（問題） | 困っているのは誰（ヒト or モノ） | 目標指標（KGI） | As-Is | To-Be | ドメイン（現場） |
| | | | | | |

| 状態遷移図 |
|---|
| 状態遷移図　プロセス図 |

今まで作成したシートから転記

# テーマ情報整理シートの「活用ストーリー」ページ

| 活用ストーリー | | | | | |
|---|---|---|---|---|---|
| プロセス | 課題 単位 | | 誰（データ活用するヒト or モノ） | 課題解決に役立つ情報（予測値や集計値など） | 情報を作るのに必要なデータ |
| | 課題 | 解決策 | | | |
| | | | | | |

今まで作成したシートから転記

| 「登場人物」と「やり取りする情報」の流れ | 業務フロー変化 |
|---|---|
| 「登場人物」と「やり取りする情報」の流れを記載する（ベストエフォートで十分） | 業務フロー変化を記載する（ベストエフォートで十分） |

## テーマ情報整理シートの「情報の使い方」ページ

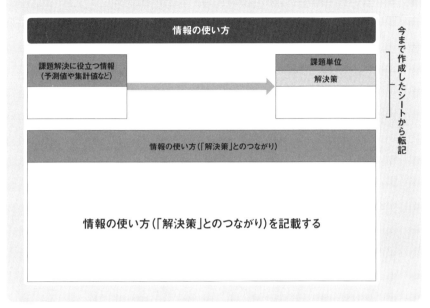

## テーマ情報整理シートの「評価指標」ページ

| 指標 | 種類 | 計算方法 | 現状 | 計画 | | | |
|---|---|---|---|---|---|---|---|
| | □ KGI<br>□ KPI(ストック系)<br>□ KPI(フロー系)<br>□ その他(　　　) | | | | | | |
| | □ KGI<br>□ KPI(ストック系)<br>□ KPI(フロー系)<br>□ その他(　　　) | | | | | | |
| | | | | | | | |

## 【1】テーマの状況整理

「テーマ選定」時に作成した「ドメイン候補洗い出しシート」から「テーマ情報整理シート」の **「テーマ状況」** ページへ、次の6項目の情報を転記しましょう。

- お困りごと（問題）
- 困っているのは誰（ヒト or モノ）
- 目標指標（KGI）
- As-Is（現状）
- To-Be（理想）

● ドメイン（現場）

「テーマ選定」時に作成した「状態遷移図シート」から「テーマ情報整理シート」の **「テーマ状況」** ページへ、次の2項目の情報を転記しましょう。

● 状態遷移図
● プロセス図

## 【2】活用ストーリーの作成

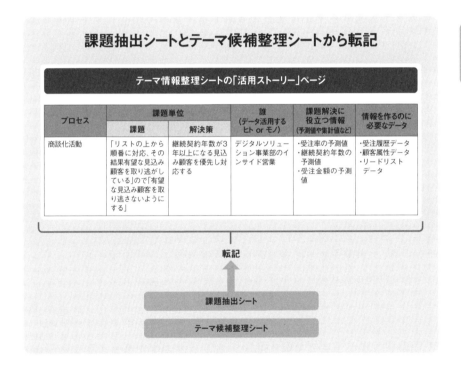

### 課題抽出シートとテーマ候補整理シートから転記

#### テーマ情報整理シートの「活用ストーリー」ページ

| プロセス | 課題単位 | | 誰<br>（データ活用する<br>ヒト or モノ） | 課題解決に<br>役立つ情報<br>（予測値や集計値など） | 情報を作るのに<br>必要なデータ |
|---|---|---|---|---|---|
| | 課題 | 解決策 | | | |
| 商談化活動 | 「リストの上から順番に対応、その結果有望な見込み顧客を取り逃がしている」ので「有望な見込み顧客を取り逃さないようにする」 | 継続契約年数が3年以上になる見込み顧客を優先し対応する | デジタルソリューション事業部のインサイド営業 | ・受注率の予測値<br>・継続契約年数の予測値<br>・受注金額の予測値 | ・受注履歴データ<br>・顧客属性データ<br>・リードリストデータ |

転記

課題抽出シート

テーマ候補整理シート

「テーマ選定」時に作成した「課題抽出シート」と「テーマ候補整理シート」から「テーマ情報整理シート」の **「活用ストーリー」** ページへ、次の6項目の情報を転記しましょう。

- プロセス
- 課題
- 解決策
- 誰（データ活用するヒト or モノ）
- 課題解決に役立つ情報（予測値や集計値など）
- 情報を作るのに必要なデータ

　ここまでは単なる転記ですが、「テーマ情報整理シート」を見ることで、データ分析・活用のテーマの現場が、どのような現場なのかが簡易的に把握できます。

　次からは頭を使います。「テーマ選定」時に検討した内容を、深掘りしていく感じです。データ分析・活用の現場とのコミュニケーションも必要になってきます。

「テーマ選定」時に、「課題解決に役立つ情報」を検討しました。このとき、現場でどう活用するのかを、なんとなく思い描きながら検討していたかと思います。それをより具体化していきます。

　**ここで「活用ストーリー」の青写真が浮かび上がらない場合、そのデータ分析・活用のテーマはやめたほうがいい**でしょう。アナリティクスを経て数理モデルなどを構築し、現場へ「課題解決に役立つ情報」を提供しても、それが活用され成果を生む可能性が小さいからです。

　現場で活用されないアナリティクスは無駄です。活用し成果が出ないと、アナリティクスを実施した担当者のモチベーションは下がることでしょう。担当者のモチベーションが下がるだけでなく、データ分析やデータサイエンス、機械学習などといった取り組みへの社内外の評価が落ち、協力者を減らすだけです。これからのデータ社会を生きていく中で、誰も得をしません。

　ここでいう「活用ストーリー」の青写真レベルですが、次の3つのことを明らかにするだけで十分です。

- 「登場人物」と「やり取りする情報」の流れ
- 業務フロー変化
- 情報の使い方（「解決策」とのつながり）

　この段階では青写真レベルで構いません。詳細は、アナリティクスを実施した後の、運用検討時にしっかり検討しましょう。

　では、「課題解決に役立つ情報」を活用するときのストーリーを考えていきます。次のような「登場人物」や「やり取りする情報」とその流れなどを図示化したものです。

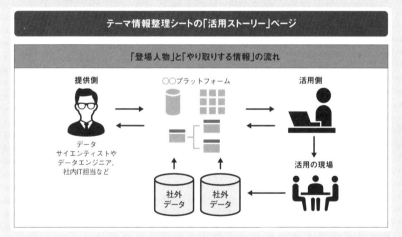

「登場人物」や「やり取りする情報」とその流れなどを図示化

テーマ情報整理シートの「活用ストーリー」ページ

「登場人物」と「やり取りする情報」の流れ

提供側　　　　　　○○プラットフォーム　　　　　活用側

データ
サイエンティストや
データエンジニア、
社内IT担当など

活用の現場

社外データ　社外データ

可能であれば、以下の情報を明らかにし図示化する
・登場するプレーヤー
・プレーヤー間でやり取りする情報
・やり取りする手段
・そのタイミング　など
※正確な記述はビジネス活用の準備時に実施するため、ベストエフォートで十分

さらに、次のような「業務フロー変化」まで描きます。データ分析・活用を実施すると、現場の業務の流れが変化することが多いです。

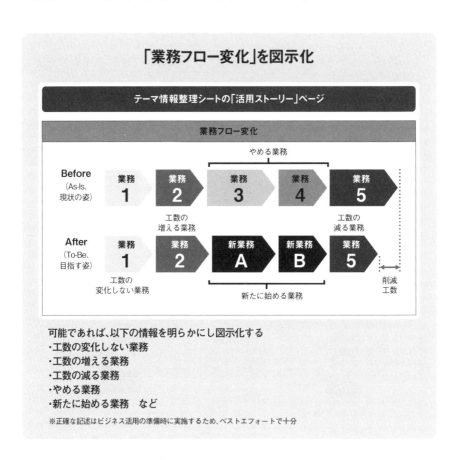

再度申しますが、青写真レベルで十分です。この段階で、詳細かつ具現的なものを描くのは無理でしょう。そして、データ分析担当者やデータサイエンティスト、機械学習エンジニアなどの、主にアナリティクス（データ分析や数理モデル構築）を実施する人だけでは、検討できないことです。可能であれば現場担当者、最悪でも現場のことを知っている人を交えて検討していきましょう。

次に、今作成した「活用ストーリー」ページの次の2項目を、「情報の使

い方」ページに転記します。

- 課題解決に役立つ情報（予測値や集計値など）
- 解決策

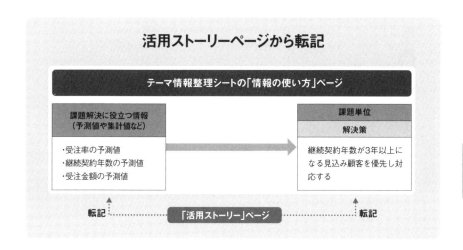

そして、データから生成する「課題解決に役立つ情報」を現場でどう使えばいいのか考えます。

次のように、「課題解決に役立つ情報」の使い方を明示化します。使い方を明示化できない「課題解決に役立つ情報」は、現場では使われません。使い方がわからないからです。

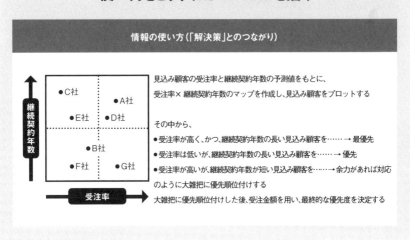

データから生み出された情報（予測値や集計値など）を
使い何をどうすればいいのかを描く

情報の使い方（「解決策」とのつながり）

見込み顧客の受注率と継続契約年数の予測値をもとに、
受注率×継続契約年数のマップを作成し、見込み顧客をプロットする

その中から、

● 受注率が高く、かつ、継続契約年数の長い見込み顧客を……→ 最優先
● 受注率は低いが、継続契約年数の長い見込み顧客を……→ 優先
● 受注率が高いが、継続契約年数が短い見込み顧客を……→ 余力があれば対応

のように大雑把に優先順位付けする

大雑把に優先順位付けした後、受注金額を用い、最終的な優先度を決定する

## 【3】評価指標の設計

　データ分析・活用をするからには、何かしらの成果を期待しているはずです。「お困りごと（問題）」がよりよい方向に向かうことを期待しています。要は、「目標指標（KGI）」が「As-Is（現状）」から「To-Be（理想）」に近づくことが期待されています。そのため、「目標指標」は**「成果指標」**と表現することもあります。

「目標指標」は、「状態遷移図」の最後の状態と関連した指標です。最後の状態に達したとき、「目標指標」の数値が変化します。

　改めて「目標指標」を考えると、「テーマ選定」で考えた「目標指標」と異なることもあります。多くの場合、増えます。場合によって、ニュアンスだけ残し変わります。もしくは、指標の表現（指標名）がより具体的なものになります。

　ここで、データ分析・活用のテーマに対し、「目標指標」を含め、少なくとも次の3種類の指標を考えます。

- ドメイン（現場）の「目標指標（KGI）」
- テーマの「ストック指標（KPI）」：〇〇件、〇〇人、など
- テーマの「フロー指標（KPI）」：〇〇率、〇〇レート、など

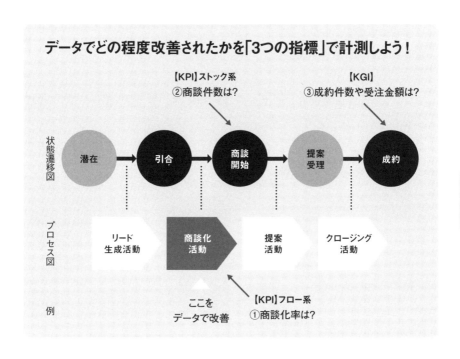

データでどの程度改善されたかを「3つの指標」で計測しよう！

「商談化活動」でデータ分析・活用するとします。データ分析・活用のいい影響が最初に現れるのは、「引合」の状態から「商談開始」の状態への遷移です。この遷移を表す指標を「商談化率」と表現したとします。データ分析・活用がうまくいっているのであれば、「商談化率」の数値がよくなっているはずです。「商談化率」は、テーマの「フロー指標（KPI）」です。

「商談化活動」のデータ分析・活用がうまくいき、「商談化率」の数値がよくなれば、この商談化活動の先にある「商談開始」の状態の件数が増えます。この商談が開始された件数を表す指標を「商談件数」と表現したとします。「商談件数」は、テーマの「ストック指標（KPI）」です。

ちなみに、「商談化率」の数値がよくなったからといって、必ず「商談件数」の数値がよくなるわけではありません。「商談開始」の前の状態である

「引合」の状態の件数が大きく減少すると、「商談件数」の数値は悪化します。別の取り組むべきテーマの誕生です。

どんなに「商談化率」や「商談件数」の数値がよくなっても、「目標指標」の数値がよくならないと、期待した成果を得ることはできません。当然ですが、「商談化活動」でデータ分析・活用した結果、「目標指標」の数値を変化させるほどのことだったのかを、モニタリングする必要があります。

では、**「テーマ情報整理シート」**の**「評価指標」**ページを使い、評価指標を設計するやり方を説明します。

まず、「テーマ状況」ページの「状態遷移図」や「プロセス図」を参考に、指標の**「名称」**とその**「種類」**を記載します。あまり多くならないように気をつけましょう。

次に、指標の**「計算方法」**を記載し、この計算方法を用いて現状の値を計算します。必要そうな指標であっても、計算できなければ使えません。また、指標を計算するために、数理モデル（例：広告効果算定モデルなど）を構築することもあります。数理モデルを使う場合には、そのモデル名などを記載しましょう。

できれば、スケジュール（例：3カ月後、6カ月後など）と**「計画」**値を記載していきます。この段階では、なんとなくでも構いません。「活用ストーリー」と同様に、アナリティクスを実施した後の、運用検討時に見直します。

可能であるなら、現場担当者、最悪でも現場のことを知っている人を交えて検討していきましょう。ただ、計画値に関して現場担当者は保守的になりがちです。そのあたりは注意が必要です。

# 「状態遷移図」や「プロセス図」を参考に記載していく

テーマ情報整理シートの「評価指標」ページ

| 指標 | 種類 | 計算方法 | 現状 | 計画 | | | | |
|---|---|---|---|---|---|---|---|---|
| | | | | 3カ月後 | 6カ月後 | 1年後 | 2年後 | 3年後 |
| 月当たり<br>新規受注件数 | ☑ KGI<br>☐ KPI（ストック系）<br>☐ KPI（フロー系）<br>☐ その他（　　　） | 当該月を含む<br>過去12カ月間の<br>新規受注件数÷12 | 10件 | 10件 | 11件 | 13件 | 15件 | 15件 |
| 継続契約率<br>（新規受注） | ☑ KGI<br>☐ KPI（ストック系）<br>☐ KPI（フロー系）<br>☐ その他（　　　） | 1年後継続契約件数÷<br>新規受注件数 | 60% | 60% | 60% | 70% | 80% | 90% |

指標とその種類を記載する

計算方法を記載し、その計算方法を用い現状の値を算出する

可能であれば、スケジュール（例：3カ月後、6カ月後など）と計画値を記載する

※正確な記述はビジネス活用の準備時に実施するため、ベストエフォートで十分

## ステップ2−1−2 》 数理モデルの設計

　フィッシュボーンチャート（魚の骨図）をベースに、数理モデルの設計図を構築していきます。

　ステップ2−1−2の「数理モデルの設計」の流れは、次のようになります。

- 【1】フィッシュボーンチャートの描写
- 【2】変数の整理
- 【3】データ有無の調査・検討

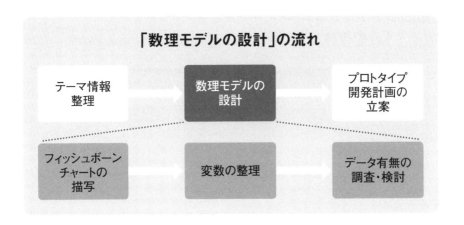

【1】の「フィッシュボーンチャートの描写」では、**利用したいデータに対し、何が目的変数 Y で何が説明変数 X で何が調整変数 Z なのか**を整理・分類します。とりあえずフィッシュボーンチャートを描いてみましょう。いきなり完璧なものを目指す必要はありません。

【2】の「変数の整理」では、**フィッシュボーンチャートで登場する変数（データ項目）が、どういった性質のデータなのか**を整理します。このとき、新たに生成するデータ（例：対数変換、データ同士の演算など）を追加しても構いません。

【3】の「データ有無の調査・検討」では、**変数のもととなるデータの有無を調査し所在を明らかにしていきます**。想定したデータが存在しない場合には、代替となるデータを検討します。

　具体的な進め方を、例を使って説明していきます。このとき、**「モデル設計シート」**と**「データソース整理シート」**、2つのテンプレートを使います。**「モデル設計シート」**は、次の2つのページで構成されています。

●「フィッシュボーンチャート」ページ
●「変数一覧」ページ

# モデル設計シートの「フィッシュボーンチャート」ページ

## フィッシュボーンチャート

| 課題解決に役立つ情報（予測値や集計値など） | |
|---|---|

調整変数Z　　　調整変数Zの変数名を記載

説明変数X　　　　　　　　　　　目的変数Y

説明変数Xの変数名を記載

目的変数Yの
変数名を記載

テーマ情報整理シート

---

# モデル設計シートの「変数一覧」ページ

## 変数一覧

| 課題解決に役立つ情報（予測値や集計値など） | |
|---|---|

転記

| 変数グループ名 | 変数名 | ラベル（日本語） | XYZ | 変数タイプ | データソース名（データの所在） |
|---|---|---|---|---|---|
| | | | □ 目的変数Y<br>□ 説明変数X<br>□ 調整変数Z<br>□ 使用せず | □ 量<br>□ 質(0-1データ含)<br>□ テキスト<br>□ その他 | |
| | | | □ 目的変数Y<br>□ 説明変数X<br>□ 調整変数Z<br>□ 使用せず | □ 量<br>□ 質(0-1データ含)<br>□ テキスト<br>□ その他 | |

「フィッシュボーンチャート」ページ

第4章
ビジネス成果につながる「アナリティクス」の進め方

213

「**データソース整理シート**」は、次のような構成になっています。

## 【1】フィッシュボーンチャートを描く

まず、「モデル設計シート」の「フィッシュボーンチャート」ページに、今回のテーマの**「課題解決に役立つ情報（予測値や集計値など）」**の１つを記載します。

次に、利用できる**データの変数（データ項目）**について、何が目的変数 Y で、何が説明変数 X で、何が調整変数 Z なのかを整理・分類し、とりあえずフィッシュボーンチャートを描いてみましょう。いきなり完璧なものを目指す必要はありません。

次ページ図の例の場合だと、「広告・販売促進」「顧客行動」「季節性」「企業属性」「景気」が「変数グループ名」に該当します。各「変数グループ名」に紐づいているのが「変数名」です。例えば、「広告・販売促進」という変

数グループに紐づいている変数は「自社イベントの開催回数」「ネット広告料」です。

　変数が多くなりそうなときは各変数が属する「変数グループ名」だけを記載します。変数が少ない場合には、「変数名」だけ記載しても構いません。

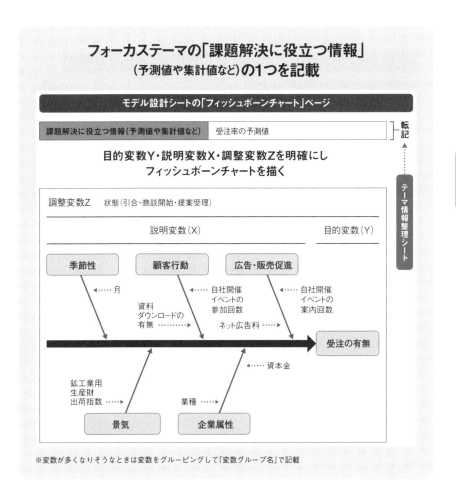

**フォーカステーマの「課題解決に役立つ情報」**
**（予測値や集計値など）の1つを記載**

モデル設計シートの「フィッシュボーンチャート」ページ

課題解決に役立つ情報（予測値や集計値など）　受注率の予測値　　転記

**目的変数Y・説明変数X・調整変数Zを明確にし**
**フィッシュボーンチャートを描く**

調整変数Z　　状態（引合・商談開始・提案受理）

説明変数（X）　　　　　　　　　　　　　　　　目的変数（Y）

季節性　　顧客行動　　広告・販売促進

…… 月　　　　自社開催イベントの参加回数　　自社開催イベントの案内回数

資料ダウンロードの有無 ……　　ネット広告料 ……

受注の有無

…… 資本金

鉱工業用生産財出荷指数 ……　　業種 ……

景気　　　　企業属性

テーマ情報整理シート

※変数が多くなりそうなときは変数をグルーピングして「変数グループ名」で記載

## 【2】変数を整理する

　フィッシュボーンチャートを描いたら、次に **「変数一覧」ページ** に、フィッシュボーンチャートに登場した変数に関する情報をまとめていきます。

まず、「変数一覧」ページに、今回のテーマの**「課題解決に役立つ情報（予測値や集計値など）」**の１つを記載します。

次に、**「変数グループ名」**と**「変数名」**を記載していきます。変数の数が少なかったり、変数のグループ分けが明確でなかったりする場合には、「変数グループ名」を記載しなくても構いません。

「変数名」は、実際にデータ分析や数理モデル構築を実施するときに使う変数名です。そのため、通常は「半角英数字」になっているかと思います。つまり、日本語表記になっていません。そのため、日本語の**「ラベル」**を記載しどのようなデータなのか理解しやすいようにしていきます。

「XYZ」欄に変数が数理モデルの中で、どのような役割（目的変数 Y・説明変数 X・調整変数 Z）を担うのかを記載していきます。意味的には調整変数であっても、フィッシュボーンチャート上は説明変数として扱う場合には、「説明変数 X」とします。よくわからない場合には、目的変数 Y 以外の変数はすべて説明変数 X としても構いません。

そして、各変数の**「変数タイプ」**を記載します。ざっくりと、量的データなのか、質的データなのか、テキストデータなのか、程度で構いません。

**量的データ（ニューメリカルデータ）**とは、売上や受注件数、気温、値引率などの量として表現されたデータです。**質的データ（カテゴリカルデータ）**とは、受注の有無（1：受注、0：失注）や性別（1：男性、2：女性、など）、業種（1：製造業、2：小売業、など）、顧客ランク（1：トライアル、2：レギュラー、3：ロイヤル）などの質的なものを数値で表現したデータです。「質的なものを数値で表現する」とは、例えば「男性を1」「女性を2」という感じに、数値を割り振るということです。そのため「男性を2」「女性を1」と割り振っても問題ありません。

また、**テキストデータ**は、テキスト（文字）のまま利用することはあまりありません。ここでは詳しく説明しませんが、自然言語処理などを実施することで、数値で表現された質的データに変換し扱うことが多いです。例えば、テキストの内容がポジティブな内容であるかどうかが重要であるならば、「ポジティブ変数」という新たな質的データの変数を作り、テキストの内容がポジティブな内容であれば「1」を入力し、そうでない場合には「0」を入力したりします。

集めた量的データや質的データから新たな変数を作ることもあります。例えば、ある量的データを対数変換や逆数にしたデータの変数を作ったり、量的データをある区間で区切り新たな質的データを作ったりします。例えば、曜日を表す質的データを、０−１データと呼ばれる質的データで表現し直すこともあります。

　今説明したような、新たな変数を作ったとき、元の変数は削除せず、そのまま一覧の中に残しておきましょう。さらに、どの変数をもとに作ったのかわかるような「変数名」や「ラベル」にしましょう。

　最後に、各データの「データソース名（データの所在）」を記載しましょう。

　これで「モデル設計シート」は完成しますが、そう簡単に完成することはありません。通常は「フィッシュボーンチャート」ページと「変数一覧」ページを行ったり来たりし、練っていきます。

### 【3】データの有無を調査・検討する

　「課題解決に役立つ情報」を作るのに必要なデータを調べます。今作成した「モデル設計シート」の「変数一覧」ページに記載したデータの有無を調査し、所在を明らかにしていきます。想定したデータが存在しない場合には、代替となるデータを検討します。

　まず、「モデル設計シート」の「変数一覧」ページから、設定したテーマの「課題解決に役立つ情報」と、「変数名」とその「ラベル名」を「データソース整理シート」へ転記します。

　次に、**転記したデータがあるかどうか**を調べ記載します。

　データがある場合には、データソース名などデータの所在場所を記載します。

　データがない場合には、代替となる手段（代替データなど）を考え、記載

**「データソース整理シート」をもとにデータ収集**

| データソース整理シート | | | | | | |
|---|---|---|---|---|---|---|
| 課題解決に役立つ情報（予測値や集計値など） 受注率の予測値 | | | | | | |
| 変数名<br>（+ラベル） | ある or なし | ある場合<br>（データソース名） | ない場合<br>（代替データ） | 入手の<br>容易性 | 整備時期 | 備考 |
| y<br>（受注の有無） | ない | | 失注の定義を決め<br>データを作る<br>（受注失注データ） | 容易では<br>ない | 即整備 | 定義を決める<br>分析が必要 |
| x11<br>（自社開催<br>イベントの<br>案内回数） | ない | | Outlook（営業が<br>送ったメール）や<br>メール配信ツール | 容易では<br>ない | 要検討 | 複数のデータ<br>ソースのデータ<br>を抽出し整備が<br>必要 |
| x12<br>（ネット広告料） | ある | 広告費データ | | 容易では<br>ない | 要検討 | |
| x21<br>（自社開催<br>イベントの<br>参加回数） | ある | CRM部署に<br>あるイベント<br>管理Excelシート | | 容易では<br>ない | 即整備 | CRM部署との<br>やり取りが必要。<br>データ状態不明 |

転記

転記

「モデル設計シート」の
「変数一覧」ページ

データがある場合には、
データソース名など
データの所在場所を
記載する

データがどれだけ容易に
入手できるかを
記載する

データ整備上の
備考をメモ書き
しておく

データがあるか
どうかを調べ記載

データがない場合には、
代替となる手段を考え記載する
（データがある場合
でも、念のため代替データが
あれば記載

データ整備の
優先順位をつける

します。また、データがある場合でも、念のため代替データがあれば記載し
ておきましょう。

　データそのものが存在しても、使えるデータでない場合があります。その
データが使い物になるかどうかは、データのコンディションチェックなど基
礎分析を実施しないとわかりません。このようなデータの精査は、次の「ス
テップ2-2　データ準備」で実施します。

データの所在や代替データが明らかになったら、**データがどれだけ容易に入手できるか**を検討し記載します。

データがきれいな状態で存在しても、入手が容易でなかったりすることもあります。一方で、データが存在せずこれからデータを発生させ入手する場合でも、意外と簡単に入手できることもあります。私は何度も経験していますが、このような不思議なことは起こります。入手困難な例として、組織の壁が立ちはだかったり、前例がないからダメという壁が立ちはだかったり、人的な余裕がないという壁が立ちはだかったり様々です。トップダウンで何とかなるケースもあります。トップダウンといっても、一時的な掛け声だけのトップダウンでは意味はありません。

データの入手の容易性を記載したら、データ整備の**「優先順位」**をつけていきます。入手が容易なデータの優先度を高くするというわけではありません。数理モデルを構築する上で不可欠なものは、どんなに入手が困難なデータであっても優先度を高める必要があります。例えば、目的変数 Y に関するデータは必要不可欠です。

最後に、データ整備上の**「備考」**をメモ書きしておきましょう。

## ステップ2−1−3 ≫ プロトタイプ開発計画の立案

数理モデルを設計したら、その開発計画を立てます。開発計画といっても大げさなものではなく、プロトタイプの開発計画です。

プロトタイプの開発計画の計画範囲は、アナリティクスの3ステップ（設計図構築→データ準備→モデル構築）の「2−1　設計図構築」後の「2−2　データ準備」と「2−3　モデル構築」です。

ステップ2−1−3の「プロトタイプ開発計画の立案」の流れは、次のようになります。

● 【1】数理モデルのタイプの設定

- 【2】数理モデルの評価指標の設定
- 【3】工程の設計

　【1】の「数理モデルのタイプの設定」では、**どういった数理モデルを構築するのか（モニタリング・異常検知・要因分析・将来予測・レコメンドなど）**を検討し設定しましょう。そのとき、構築する数理モデルの名称もつけてあげましょう。

　【2】の「数理モデルの評価指標の設定」では、**構築した数理モデルの良し悪しを判断する評価指標**を設定しましょう。現場活用を見越したものにしたほうがいいでしょう。評価指標は一般的なものではなく、独自に構築した評価指標でも構いません。

　【3】の「工程の設計」では、**数理モデルのプロトタイプ構築までの動きの計画**を立てます。誰が何をいつまでにやるのかを明確にし、バッファも考慮しましょう。

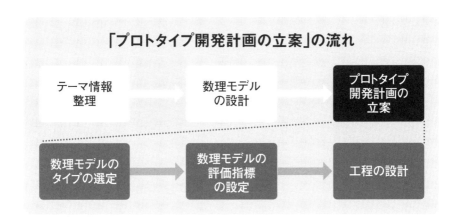

　具体的な進め方を、例を使って説明していきます。このとき、**「プロトタイプ開発計画の立案シート」**というテンプレートを使います。

「プロトタイプ開発計画の立案シート」は、次のような構成になっています。

# プロトタイプ開発計画の立案シート

| プロトタイプ開発計画 |
|---|

| 課題解決に役立つ情報<br>（予測値や集計値など） | |
|---|---|

| モデルの名称 | |
|---|---|

| モデルのタイプ | ☐ 集計モデル　　☐ 異常検知モデル　　☐ 要因分析モデル<br>☐ 量を予測するモデル　　☐ 2値分類モデル（質を予測するモデル）<br>☐ 多値分類モデル（質を予測するモデル）<br>☐ レコメンドモデル　　☐ その他（　　　　　　　） |
|---|---|

| モデルの評価指標 | |
|---|---|

| 工程名 | 開始予定日 | 終了予定日 | 実施担当者 | レビュー<br>担当者 | 備考 |
|---|---|---|---|---|---|
| | | | | | |
| | | | | | |

転記 ▲

モデル設計シート

## 【1】数理モデルのタイプの設定

モデル設計シートから転記

| プロトタイプ開発計画 | |
|---|---|
| 課題解決に役立つ情報<br>（予測値や集計値など） | 受注率の予測値 |
| モデルの名称 | 受注予測モデル |
| モデルのタイプ | ☐ 集計モデル　☐ 異常検知モデル　☐ 要因分析モデル<br>☐ 量を予測するモデル　☑ 2値分類モデル（質を予測するモデル）<br>☐ 多値分類モデル（質を予測するモデル）<br>☐ レコメンドモデル　☐ その他（　　　　　　） |
| モデルの評価指標 | Accuracy（正解率）、Recall（再現率）、Precision（精度） |

数理モデルの良し悪しを判断する評価指標を設定する
（現場活用を見越したものにする）

これから構築する数理モデルがどのような用途タイプのモデルなのかを明確にする

これから構築する数理モデルの名称をつける（〇〇モデル）

モデル設計シート

まず、今回のテーマの**「課題解決に役立つ情報」（予測値や集計値など）**の1つを記載します。

次に、これから構築する**「数理モデルの名称」（〇〇モデル）**をつけ、それが**どのような用途タイプのモデルなのか**を明確にします。

ここでは、「XY×時制」で分けた5つのデータ活用の用途タイプ（モニタリング・異常検知・要因分析・将来予測・レコメンド）を採用していますが、別のタイプ分類でも構いません。

## 【2】数理モデルの評価指標の設定

数理モデルの良し悪しを判断する**「モデルの評価指標」**を設定します。現場活用を見越したものにするといいでしょう。要するに、データ分析者やデ

ータサイエンティスト、機械学習エンジニアなどの数理モデルそのものを構築する人だけで検討しない、ということです。

　例えば、**量を予測するモデルの評価指標**として、次のようなものがあります。ここでは一つひとつについて説明しません。後ほど、評価方法とともに簡単に触れます。

- MAPE（平均絶対パーセント誤差）
- MAE（平均絶対誤差）
- MPE（平均パーセント誤差）
- RMSE（二乗平均平方根誤差）
- $R^2$（決定係数）
- 情報量基準（AIC、BIC など）　など

　例えば、**質を予測するモデルの評価指標**として、次のようなものがあります。こちらも後ほど、評価方法とともに簡単に触れます。

- Accuracy（正解率）
- Recall（再現率）
- Precision（精度）
- F–measure（F 値）
- $R^2$（決定係数）
- 情報量基準（AIC、BIC など）　など

　モデルの評価指標と評価方法については、次項で説明します。

## 【3】工程の設計

　次に、工程の流れを考えていきます。まずは**「工程名」**です。

　次に示しているのは工程の流れの一例です。基本は「2－2　データ準備」と「2－3　モデル構築」の内容を工程として記載していきます。実情

に合わせて工程の流れを検討しましょう。

- 1　データ準備
  - ・1－1　データ収集
  - ・1－2　データ整備
    - ・1－2－1　基礎分析
    - ・1－2－2　データの修繕処理
    - ・1－2－3　目的変数Yの定義
    - ・1－2－4　特徴量（説明変数X）の生成
    - ・1－2－5　特徴量（説明変数X）の選定
  - ・1－3　データセット生成
- 2　モデル構築
  - ・2－1　タイプ選定
  - ・2－2　学習・評価
  - ・2－3　アナリティクスフロー整理

続いて、各工程の**「開始と終了の予定日」**を記載しましょう。バッファを

## 各工程の実施実施担当者とレビュー担当者を記載

| プロトタイプ開発計画 | | | | | |
|---|---|---|---|---|---|
| 工程名 | 開始予定日 | 終了予定日 | 実施担当者 | レビュー担当者 | 備考 |
| データ収集 | 2020/9/1 | 2020/9/30 | Aさん | Bさん | |
| データ整備 | 2020/9/15 | 2020/10/15 | Aさん | Bさん | |
| データ整備:データ修繕 | 2020/9/15 | 2020/10/30 | Aさん | Bさん | |

数理モデルの
プロトタイプ開発の
工程を記載する

各工程の開始と
終了の予定日を記載する
（バッファを持って
記載したほうがいい）

各工程の実施担当者と
その実施したことをチェックする
レビュー担当者を記載する

持って記載したほうがいいです。並行して進められるものは、並行して進めるようなスケジュールにしましょう。

　各工程の**「実施担当者」**と、それをチェックする**「レビュー担当者」**を記載します。ミスは起こるものです。特に、最初のほうの工程でミスをすると被害は甚大です。必ず実施した作業結果をチェックするレビュー担当者を立てましょう。

　これでアナリティクスの設計図が完成します。あとは、この設計図を参考に、「データ準備」をし「モデル構築」をします。そのあたりの流れは前項で説明していますので、確認していただければと思います。

　次項からは、「モデル構築」で肝となる「モデルの評価指標と評価方法」、「データ準備」で肝となる「『データ整備』時に実施するデータ分析」、さらに最近話題のモデル構築を自動化する技術である AutoML（自動機械学習）などについて説明していきます。

# 3 » モデルの評価指標と評価方法

## » 数理モデルの良し悪しを判断する「モデルの評価指標」

　前項で簡単に触れた通り、構築したモデルの良し悪しを考えるには評価指標が必要になります。

　ここでいくつかの評価指標と評価方法について説明したいと思います。数理モデルの評価指標として、昔からあるのが $R^2$ などの決定係数や AIC などの情報量規準です。

## » 決定係数

　決定係数は、説明変数 X が目的変数 Y をどれくらい説明できるかを表す指標で、**寄与率**と呼ばれることもあります。線形回帰モデルなどの「○○回帰モデル」という名称の数理モデルでよく使われます。

　決定係数には次のようなものがあります。

- Tarald O. Kvalseth の8つの決定係数
- 自由度調整済み決定係数　など

　ちなみに、通常目にするのは、次の3つです。

- Tarald O. Kvalseth の8つの決定係数の1番目のもの
- Tarald O. Kvalseth の8つの決定係数の5番目のもの
- 自由度調整済み決定係数

# よく使われる3つの決定係数

## Tarald O. Kvalsethの8つの決定係数の1番目のもの

サンプル数
（データの数）・・・・・・・・・・・・・・・・・・・・・・・・・・・・・・・・・・・・・・・・・・・・・・・予測値

$$1 - \frac{\sum_{i=1}^{n}(y_i - f_i)^2}{\sum_{i=1}^{n}(y_i - \overline{y})^2}$$

実測値・・・・・・・・・・・・・・・・・・・・・・・・・・・・・・・・・・・・・・・・・・・・・実測値の平均値

## Tarald O. Kvalsethの8つの決定係数の5番目のもの

・・・・・・予測値の平均値

$$\frac{\left\{\sum_{i=1}^{n}(y_i - \overline{y})(f_i - \overline{f})\right\}^2}{\left\{\sum_{i=1}^{n}(y_i - \overline{y})^2\right\}\left\{\sum_{i=1}^{n}(f_i - \overline{f})^2\right\}}$$

## 自由度調整済み決定係数

p：説明変数Xの数

$$1 - \frac{\frac{1}{n-p-1}\sum_{i=1}^{n}(y_i - f_i)^2}{\frac{1}{n-1}\sum_{i=1}^{n}(y_i - \overline{y})^2}$$

　Tarald O. Kvalseth の8つの決定係数の1番目のものが、一般的な決定係数です。5番目のものは、実測値と予測値の相関係数（重相関係数と呼ばれる）を2乗したものです。

　自由度調整済み決定係数は、説明変数Xとデータ量を考慮し調整した決定係数です。通常の決定係数には、説明変数Xの数が多くなると値がよくなる傾向があるからです。通常は、自由度調整済み決定係数を用いることが多いです。統計解析系のデータ分析ツールを利用していれば、分析結果とともに出力されると思います。

Tarald O. Kvalseth の 8 つの決定係数を知りたい方は、Tarald O. Kvalseth の論文をご確認くだされればと思います。

## 》》情報量規準

情報量規準とは、統計学系の数理モデルのよさを評価するための指標です。

情報量規準には次のようなものがあります。

- AIC（赤池情報量規準）
- BIC（ベイズ情報量規準）
- WAIC（広く使える AIC）
- WBIC（広く使える BIC）　など

他にも色々な情報量規準があります。**情報量規準は、値が小さいほどいい**とされています。

よく使うのが BIC かと思います。最近では、WAIC や WBIC などを使うケースもあります。WAIC と WBIC は、もっと広い（Widely）モデルにも適用できるように一般化した情報量規準です。ちなみに、予測精度を上げるモデルを選択したいのであれば WAIC や AIC、最も真である確率の高いモデルを選択したいのであれば WBIC や BIC です。

最近は、予測のための数理モデルを構築するケースが増えてきました。そのため、$R^2$ などの決定係数や BIC などの情報量規準だけではなく、数理モデルから求めた予測値と実測値を比較検討し評価することも多いです。

先ほど紹介しましたが、量を予測するモデルの評価指標として、例えば次のようなものがあります。

- MAPE（平均絶対パーセント誤差）
- MAE（平均絶対誤差）

- MPE（平均パーセント誤差）
- RMSE（二乗平均平方根誤差）

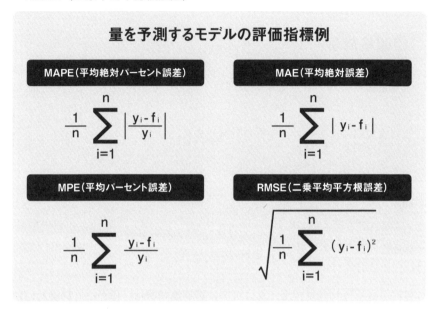

質を予測するモデルの評価指標として、例えば次のようなものがあります。

- Accuracy（正解率）
- Recall（再現率）
- Precision（精度）
- F–measure（F 値）

## 質を予測するモデルの評価指標例

| 混同行列（Confusion Matrix） | | |
|---|---|---|

| | | 予測 | |
|---|---|---|---|
| | | 失注 | 受注 |
| 実測 | 失注 | True Negative（TN） | False Positive（FP） |
| | 受注 | False Negative（FN） | True Positive（TP） |

- 正解率（Accuracy）（TP+TN）÷（TP+FN+FP+TN）
- 検出率 or 再現率（Recall）TP÷（TP+FN）
- 精度 or 適合率（Precision）TP÷（TP+FP）
- F値（検出率と精度の調和平均）2×（精度×検出率）÷（精度＋検出率）

　予測のための数理モデルを検討する場合、通常はすべてのデータを使って数理モデルを学習し、評価をすることはありません。なぜならば、予測モデル（予測のための数理モデル）が予測するのは**未知の目的変数 Y** だからです。

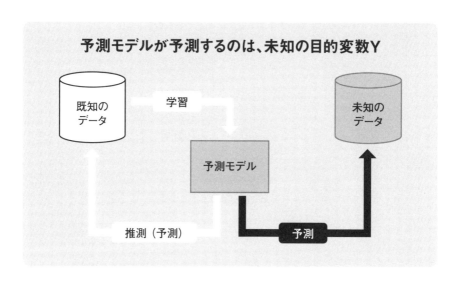

## 予測モデルが予測するのは、未知の目的変数Y

そのため、構築した予測モデルを未知のデータを使って評価する必要が出てきます。通常は、学習データとテストデータに分割し、学習データで作成した数理モデルに対し、テストデータを使い評価します。

このようなことを、**「予測モデルの汎化性能（未知のデータに対する性能）の検証」**といいます。

例えば、高校受験向けの問題集や過去の入試問題で満点を取れるようになっても、本番の入試で満点が取れるわけではありません。問題集や過去の入試問題を完璧にしても、その受験生の汎化性能が低い場合、本番の入試で失敗する可能性があります。この場合、問題集や過去の入試問題が「学習データ」に相当します。

では、何が「テストデータ」に相当するでしょうか？　おそらく模擬テストでしょう。つまり、問題集や過去の入試問題を解くことで学習し、その受験生の汎化性能を模擬テストで確認する、という感じになります。

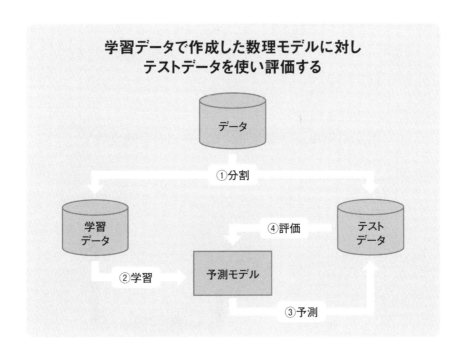

予測モデル構築も同様です。ここで紹介するのは、次の3つです。

- ホールドアウト法
- クロスバリデーション法
- 時間軸を考慮したホールドアウト法

## ≫ ホールドアウト法

　ホールドアウト法では、データセット（目的変数 Y と説明変数 X のデータ）をランダムに2つ以上に分割します。最もシンプルなのが2分割です。予測モデルを作る **「学習データ」（Train Data）** と、予測モデルを評価する **「テストデータ」（Test Data）** へ2分割します。

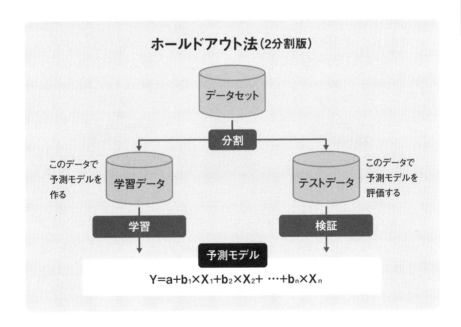

## ≫ クロスバリデーション法

　クロスバリデーション法は、**データを複数に分割し、学習データによる予測**

式の構築とテストデータによる評価を複数回実施する方法です。ホールドアウト法の場合は1回ですが、それを複数回実施したようなイメージです。

　例えば、データセットをランダムに10個に分けます。この場合、10個に分けたデータセットから10組の学習データとテストデータのデータセットを作り、それぞれで予測モデルを構築し、予測精度の評価をし、最終的にその評価結果を取りまとめて精度評価結果とします。

　もう少しわかりやすく説明します。まず、1組目の学習データとテストデータのデータセットを使った予測モデルの構築と予測精度評価では、10分割したデータの1つをテストデータとし、それ以外の9個のデータを学習データとします。この学習データで予測モデルを構築し、テストデータで予測精度を評価します。

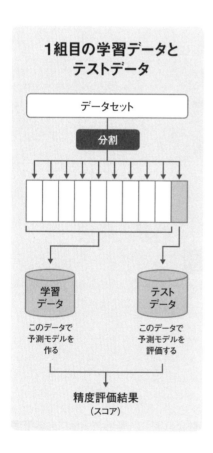

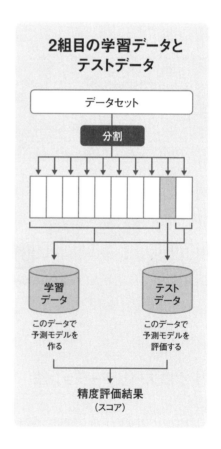

次に、2組目の学習データとテストデータのデータセットを使った予測モデルの構築と予測精度評価では、1組目と異なる10分割したデータの1つを、テストデータとします。それ以外の9個のデータセットを学習データとして使います。この学習データで予測モデルを構築し、テストデータで予測精度を評価します。

このような感じで、3組目以降も同様に学習データによる予測モデルの構築とテストデータによる精度評価を実施します。

最終的に、10個の精度評価結果が手に入ります。多くの場合、各回で測定した予測精度の平均を取り総合評価とします。もちろん、平均ではなく最大値などを求め、「最悪のケース」を総合評価とすることもあります。

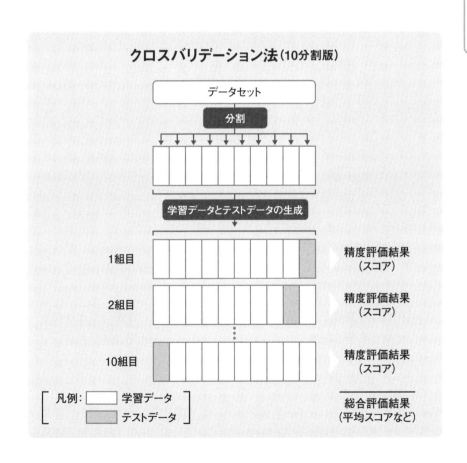

詳しく説明しませんが、ホールドアウト法とクロスバリデーション法を組み合わせて使用する場合もあります。

## 》時間軸を考慮したホールドアウト法

　ここまで、ホールドアウト法とクロスバリデーション法について説明しました。実は、この２つの方法では、時間軸を考慮した予測モデルの評価をするときに問題が起きます。そして不幸にも、多くのビジネス現場のデータには時間軸があります。

　時間軸がある予測の場合、「過去のデータで予測式を構築し、未来の目的変数 Y を予測する」ということを考えます。

　例えば、ホールドアウト法の場合、先ほど説明した通りデータセットをランダムに２つに分割し、予測モデルを作る「学習データ」（Train Data）と、予測モデルを評価する「テストデータ」（Test Data）の２つデータセットを作ります。

「過去のデータで予測モデルを構築し、未来の目的変数 Y を予測する」ということを考えたとき、当然ですが「学習データ」（Train Data）は「テストデータ」（Test Data）よりも時間的に過去のデータである必要があります。しかし、単純にデータセットをランダムに２つに分割し、「学習データ」（Train Data）と「テストデータ」（Test Data）の２つデータセットを作ると、この守らなければならない時間的概念（過去と未来の関係性）が崩壊します。テストデータの中に、学習データよりも過去のデータが混じったりします。

　時間的概念の崩壊を受け入れるのか、避けるのかで、評価の方法が異なります。時間的概念の崩壊を受け入れるのであれば、今まで説明したホールドアウト法とクロスバリデーション法で十分でしょう。

　しかし、時間的概念の崩壊を避けるのであれば、例えば次のように時間的概念を考慮し、データセットを分割して、学習データによる予測式の構築とテストデータによる評価を実施します。これをここでは、「時間軸を考慮し

たホールドアウト法」と呼び、話を進めます。

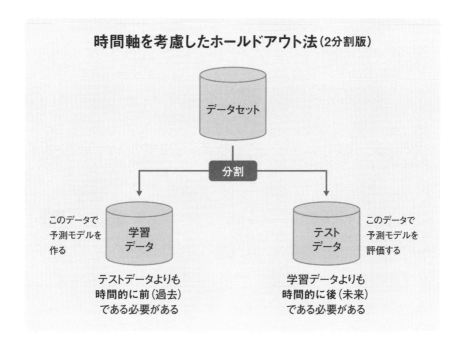

時間軸を考慮したホールドアウト法（2分割版）

データセット

分割

このデータで
予測モデルを
作る

学習
データ

テストデータよりも
時間的に前（過去）
である必要がある

テスト
データ

このデータで
予測モデルを
評価する

学習データよりも
時間的に後（未来）
である必要がある

さらにもうひとつ注意すべき点があります。単に過去と未来の関係性を考えるだけでなく、**時間の連続性を考えるべきかどうか**という問題です。

例えば、明日（例：7/11が予測対象日）の予測をするのに、連続した過去1カ月間（例：6/11 ～ 7/10）のデータが必要であるとします。このとき、ランダムに選んだ過去のデータ（例：7/4、7/8、7/10、…）を使うのではなく、連続した過去1カ月間（例：6/11 ～ 7/10）のデータを使い予測モデルを構築する必要があります。この場合、予測対象日（例：7/11）を境に学習データ（例：7/10までのデータ）とテストデータ（例：7/11）に分けます。

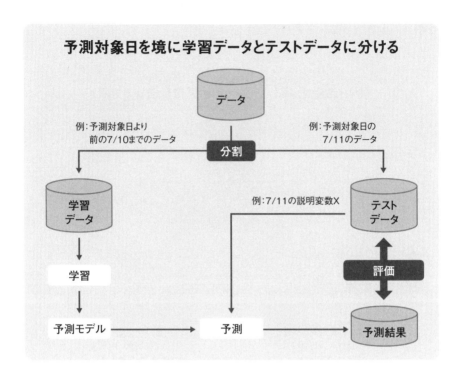

予測対象日を境に学習データとテストデータに分ける

過去と未来の関係性を考えるだけでいいのか、時間の連続性も守るべき
か、など気をつけることは色々あります。実際は、実務運用に沿った形でデー
タセットの分割を行ない、予測モデルの評価をしていきます。難しく考え
ることなく、現場でどのように使うのかを考えれば、自ずと予測精度の評価
方法は見えてきます。

　例えば某小売チェーンでは、予測モデルの構築と日販予測を日次で実施し
ているため、次にようにデータセットを分割し精度評価をしました。

## 時間の連続性を考慮したデータセット分割例

| No. | 予測対象日<br>(テストデータ) | 学習期間<br>(学習データ) | |
|---|---|---|---|
| データセット1 | 2019/1/1 | 2018/1/1～2018/12/31 | |
| データセット2 | 2019/1/2 | 2018/1/2～2019/1/1 | |
| データセット3 | 2019/1/3 | 2018/1/3～2019/1/2 | |
| ⋮ | ⋮ | ⋮ | 予測精度<br>評価 |
| データセット364 | 2019/3/30 | 2018/3/30～2019/3/29 | |
| データセット365 | 2019/3/31 | 2018/3/31～2019/3/30 | |

# 4 » 「データ整備」時に実施するデータ分析

　本章1項「アナリティクスの考え方と流れ」で説明した通り、「ステップ2-2　データ準備」の「データ整備」時に、何かしらのデータ分析を実施する必要があります。それほど高度なデータ分析技術が求められるわけではありません。よくあるのが、次の4つです。

- 【1】データのコンディションチェックと特徴把握のための基礎分析（グラフ化・基本統計量・多変量解析など）
- 【2】データの修繕作業（欠測値補完・外れ値処理・名寄せ・コード化など）のためのデータ分析
- 【3】目的変数Yの定義と生成のためのデータ分析
- 【4】説明変数Xなど特徴量の生成や選定のためのデータ分析

　ここでは、個別具体的なデータ分析の方法を説明はしません。何のためにどのようなデータ分析を実施するのかを、簡単に説明します。

## 》【1】データのコンディションチェックと特徴把握のための基礎分析

　データ収集してまず実施するのが、「データのコンディションチェックと特徴把握のための『基礎分析』（グラフ化・基本統計量・多変量解析など）」です。

　データのコンディションチェックとは、主にデータの欠測（データがない）状況や外れ値（データの数値がおかしい）状況などをチェックすることです。欠測がたくさんあるデータの変数は使えません。多少の欠測であればデータの修繕処理を施し欠測値補完をします。ありえないくらい大きな値や

小さな値のデータが発生している外れ値の場合も同様に、データの修繕処理が必要になります。酷い場合は、データセットからその列（変数）を削除したり行（ケース）を削除したりします。

このデータのコンディションチェックと一緒に、集めたデータがどのようなデータなのかも把握していきます。具体的には、**「基礎分析」**という簡単なデータ分析を通して把握していきます。

数理モデル構築などをするとき、データのことをよく理解し仲良くなっていなければ、いい数理モデルを構築できません。基礎分析とは、**集めたデータと仲良くなるための、データとの対話**です。

要するに、基礎分析を通してデータと対話しながら、データのコンディションチェックや、集めたデータがどのようなデータなのかも把握していくということです。

基礎分析で実施することは、次の3つです。

- グラフ化による視覚化
- 基礎統計量による分析
- 多変量解析

集めたデータを集計しグラフを作成し、視覚的に理解するところから始まります。

次に、各変数に対し、その特徴を基礎統計量（有効データ数・平均値・分散・標準偏差・最大値・最小値など）を計算し、1変量（1つの変数）の特徴をつかんでいきます。

変数は、他の変数と絡み合っています。そのため、変数同士でどのような関係性があるのかを、多変量解析の手法を使い特徴をつかんでいきます。2変量（2つの変数）の関係性であれば相関分析を実施する、多変量（3つ以上の変数）であれば主成分分析を実施する、などです。

ここでは、基本統計量や多変量解析の詳しいお話はしません。基本統計量であれば数理統計学の入門書を参考にしていただければと思います。既に多くの優れた書籍が出版されています。

このような基礎分析は、探索的に行なわれるため、EDA（Exploratory Data Analysis、探索的データ分析）とも呼ばれます。おおいに探索しましょう。

## 》【2】データの修繕作業のためのデータ分析

データのコンディションチェックの結果、何かしら問題がある場合が多々あります。問題が何もないケースのほうが少ないです。何が問題なのかを探る必要があります。例えば、「データ発生時」の問題なのか、「データの蓄積の仕方」の問題なのか、データベースからデータを引っ張ってくるときの「データの抽出方法」の問題なのか、抽出したデータを「取りまとめたとき」の問題なのか、色々なことが考えらえます。

それらを突き止めるために、**元のデータ（ローデータ）がどうなっているのか**を確認する作業が発生します。その結果、「データ抽出」時に戻り再度データ抽出することで解決できそうであれば、そのような対応をします。

しかし、再度データを抽出することで解決できることは限られてきます。例えば、「データ発生時」や「データの蓄積の仕方」に問題があり、上手く蓄積できずデータが欠測しているとか、データの発生時に異常なデータが混じっているとかです。このような場合、再度データを抽出したところで、何も変わりません。

そこで、データの修繕作業が発生します。データの修繕処理は、機械的に実施する場合と、データが発生した現場にヒアリングし実施する場合があります。

機械的に実施するとは、データ分析の手法を使って欠測値補完や外れ値処理などをします。ここでは詳しくは言及しませんが、色々なやり方があります。データが発生した現場にヒアリングし実施するとは、そうすることで欠測値や外れ値が発生した理由がわかるケースがあるので、そのヒアリング内容をもとにデータの修繕処理をするということです。

## 》【3】目的変数Yの定義と生成のためのデータ分析

　データの修繕作業などを経て、データがある程度きれいな状態になったら、次に実施するのは、「**目的変数 Y の定義と生成のためのデータ分析**」です。

　目的変数 Y に関するデータが、データ収集したときにあればいいのですが、そうでない場合があります。よく目にするケースが受注は明確にわかるが失注が定義されていないとか、契約の継続は明確にわかるが離反が定義されていないとか、ロイヤルカスタマーや上客といったワードを日常的に使うが明確に定義されていないとか、などです。

　例えば、離反の定義が明確にされていない場合、どのくらいの期間取引がない場合に離反とみなすのか、ということを決めなければなりません。その定義を決めるために、データ分析を実施することがあります。

　「目的変数 Y の定義と生成のためのデータ分析」でポイントになるのが、データ活用を実践する現場との対話です。

　現場の人が、何をもって失注とみなすのか、何をもって離反とみなすのか、何をもってロイヤルカスタマーとみなすのか、この実務的な感覚を参考にする必要があります。現場の人によって、離反の定義というか認識が異なることがあります。認識を統一するという意味でも、現場との対話が必要になります。

## 》【4】説明変数Xなど特徴量の生成や選定のためのデータ分析

　集めたデータが、そのまま数理モデルの説明変数 X や調整変数 Z などの特徴量として使えるわけではありません。

　特徴量とは**特徴を数値化したもので、データセットの変数**です。例えば、データセットの行が 1 人の顧客を意味するのであれば、顧客の特徴を数値化したものです。データセットの行が 1 つの店舗を意味するのであれば、店舗

の特徴を数値化したものです。最近では、特徴量そのものを自動で生成し数理モデルの作成で活用することもありますが、どの特徴量を説明変数 X や調整変数 Z にするのかは最終的に人が決めます。

　さらに、集めたデータを加工し、新たな特徴量を生成することがあります。よくあるのが、ある変数のデータを対数変換したり逆数変換したり、ある変数とある変数を四則演算し別の変数を作ったり、量的データをある区間で区切り質的データにしたりします。色々なテクニックがあります。

　新たな特徴量生成ですが、**「基礎分析などを通した『データとの対話』」**と**「データ分析・活用を実践する『現場との対話』」**の2つの対話を実施することで、どのような特徴量を新たに作ったほうがよさそうか、自ずと見えてくることが多いです。

「データ整備」のデータ分析は、経験値とセンスも必要になってきますが、どこまでやるのかという自分との闘いの様相も強いです。正直、地味なデータ分析です。この地味なデータ分析を入念に実施すべきです。この自分との闘いを闘いきると、次のステップの「数理モデル構築」にもつながる光明のようなものが見えてきます。

# 5 » AutoMLとXAI

## » 古くて新しい「自動機械学習」

本章2項「ステップ by ステップで進める『設計図構築』」でお話ししたように、モデルを構築するときは「数理モデルのタイプを選び、パラメータを設定し、準備したデータセットを使い数理モデルを作成し、そして評価する」という流れになります。

評価した結果が満足のいくものでない場合には、パラメータを変更したり、数理モデルのタイプを変えたり、データセットそのものを作り替えたりします。データセットそのものを作り替える場合、新たな説明変数 X を加えたりするケースが多いです。

本章2項で説明した数理モデル選択時に利用するチートシートをうまく活用したり、パラメータの設定方法をルール化したり、似たようなタイプの数理モデルを一緒に構築し評価したりすることで、数理モデルの構築を楽に進めることができます。**数理モデル構築の自動化**です。最近流行のワードで表現すると、「自動機械学習」（Automated Machine Learning）です。このような考え方は昔からありましたし、独自にプログラムを組んで実施していた人も多くいました。

ここ数年、この「自動機械学習」のためのツールが増えてきました。例えば、次のようなものです。

## 代表的な「自動機械学習」の無償ツール一覧

| ツール名 | 言語 | OS | 公式サイト |
|---|---|---|---|
| TPOT | Python | Windows, Mac OS, Linux | http://epistasislab.github.io/tpot/ |
| auto-sklearn | Python | Linux | https://automl.github.io/auto-sklearn/master/ |
| H2O | Python, R 他多数 | Windows, Mac OS, Linux | https://www.h2o.ai/products/h2o/ |
| automl | R | Windows, Mac OS, Linux | https://cran.r-project.org/web/packages/automl/index.html |
| Auto-WEKA | Weka | Windows, Mac OS, Linux | https://www.cs.ubc.ca/labs/beta/Projects/autoweka/ |

## 代表的な「自動機械学習」の有償ツール一覧

| ツール名 | 公式サイト |
|---|---|
| DataRobot（DataRobot） | https://www.datarobot.com/jp/ |
| Azure Machine Learning（Microsoft） | https://docs.microsoft.com/ja-jp/azure/machine-learning/ |
| Cloud AutoMl（Google） | https://cloud.google.com/automl?hl=ja |
| AutoAI（IBM） | https://www.ibm.com/jp-ja/cloud/watson-studio/autoai |

　無料で使えるものから、有料のものまであります。R や Python などで使える「自動機械学習」は、基本的に無料です。ただ、有料のものと比べ操作画面である GUI（グラフィカル・ユーザ・インターフェース）で劣ります。ただ、機能で劣るかといえばそうでもありません。

　そのため、「自動機械学習」に限らず、データ分析や数理モデル構築などを実施するとき、無料で使える R や Python を使う人が急激に増えています。特に、Python は従来からあるプログラミング言語と大きく変わらないため、エンジニア系の人に人気です。

「自動機械学習」を使うことで、数理モデルは半自動で構築できます。人がすべきは、データセットの準備と最低限の数理モデルの設定だけになります。

　数理モデルを構築するとき、「自動機械学習」だけで十分ではないかと思われるかもしれませんが、そう単純でもありません。割り切って、「自動機械学習」で構築した数理モデルをそのまま活用してもいいでしょう。しかし現在は、経験値の高い方や勘のいい方が構築したほうが、いい数理モデルを構築できます。例えば、「自動機械学習」の結果は、手作業で構築する数理モデルの参考にするくらいでもいいかもしれません。

　少なくとも、数理モデル構築の右往左往の時間を短縮させ、データサイエンティストの価値である、現場で成果を出すことに注力できるようになることでしょう。

　ちなみに、「自動機械学習」で構築した数理モデルは、ある評価指標をもとに選ぶため、予測精度を重視する傾向があります。

## 》 予測精度を重視するのか、それとも解釈性を重視するのか

　数理モデルのタイプを選ぶときの考え方のひとつに、**「予測精度を重視するのか、それとも解釈性を重視するのか」**というものがあります。解釈しやすく予測精度のいい数理モデルが理想ですが、トレードオフになることがあります。予測精度を重視すると解釈しにくくなるという感じです。

　昔からある数理統計系の数理モデルは、解釈しやすいのが特徴です。そもそも、世の中の現象を理解するために用いるのですから、解釈しにくくては困ります。一方で、データマイニングや機械学習などのキーワードとともに登場した、比較的新しい数理モデルは解釈しにくい傾向があります。ニューラルネットワークなどはその最たる例です。その代わり、予測精度が高くなりやすいのが特徴です。

　要するに、予測精度を追求すると数理モデルがブラックボックス化する傾向にある、ということです。

第3章5項で紹介した「XY ×時制」による5つのデータ分析のタイプの視点で考えると、説明変数 X に視点がある場合、解釈性が重視される傾向があります。「現在から未来」に視点ある場合、予測精度が重視される傾向があります。

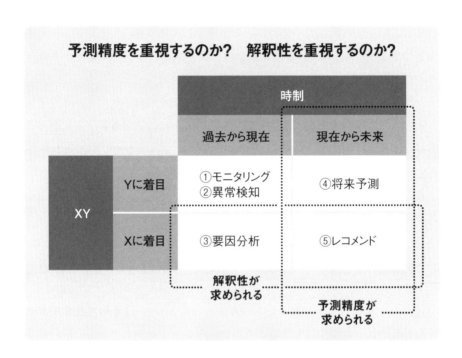

例えば、要因分析したいときに、ニューラルネットワークで数理モデルを構築してしまうと、要因を探るのが困難になります。予測精度を犠牲にして、単純な線形回帰モデルやディシジョンツリーなどの解釈しやすい数理モデルを構築したほうがいいでしょう。

　このような**「予測精度を重視するのか、それとも解釈性を重視するのか」**も数理モデルを選定するときの重要な視点です。

## ≫ 説明可能AIをうまく活用しよう

よく「説明責任」というワードを耳にします。データ分析やデータサイエンス、機械学習、などの世界です。予測精度を追求しブラックボックス化した数理モデルに対する説明責任です。社会的な要請として「説明責任」がAIサービス提供側に求められています。

先ほども申しましたが、予測精度を追及するとブラックボックスになり解釈性が低くなる傾向があります。そのため、**機械学習の脱ブラックボックス化（ホワイトボックス化）** の流れがあります。

最近、説明可能 AI（XAI、Explainable AI）のための研究が盛んです。既に、R や Python などの分析ツールを使うことで、モデルの解釈性（モデルにとって重要な要因は何か？）や予測結果の解釈性（なぜその予測値になったのか？）に関する分析をすることができます。

R や Python でこのような分析を実施する場合には、そのためのライブラリ（パッケージ）をインストールし機能拡張すれば、すぐに実施できます。R ですと「iml」「DALEX」「mlr」などのライブラリです。Python ですと「ELI5」などのライブラリです。

説明可能 AI は、単に脱ブラックボックス化（ホワイトボックス化）のためだけでなく、数理モデルを構築する上でも、改善のヒントを与えてくれます。

Data
driven
sales

≫

第 **5** 章

データドリブン化を
実現する
「5ステージ」
アプローチ

# 1 » 「5ステージ」 アプローチとは?

## » 継続性を持たせる「データドリブン化」の仕組みと事例

　第1章3項「実現すべきは『データを用いた継続的改善』」でも説明しましたが、次のような**「机上」と「現場」の2層構造のサイクル**を仕組み化し機能させることで、データドリブンな状態を作ることができます。

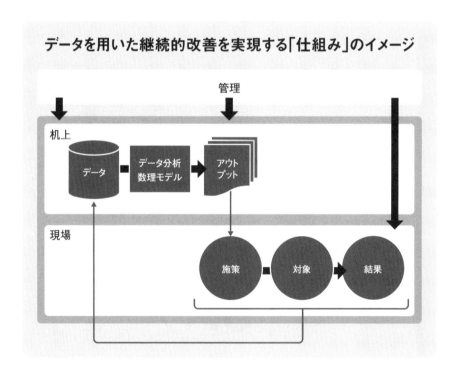

### データを用いた継続的改善を実現する「仕組み」のイメージ

　ここではまず、この2層構造のサイクルの仕組みについて、いくつかの例を示します。その後、2層構造のサイクルを仕組み化し機能させ、ビジネス

成果を得るための、**「5ステージ」アプローチ**について説明します。

**営業例**

　某IT系企業で実施している「新規顧客の開拓」の2層構造のサイクルの仕組み例です。データドリブンな営業活動の実施を目指しています。

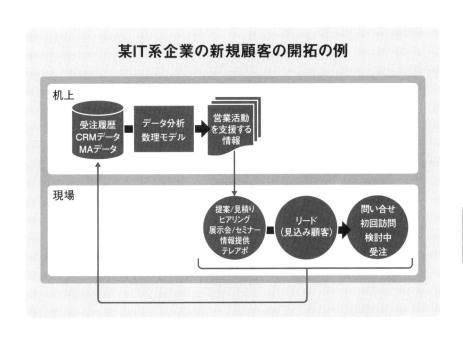

　「机上」（アナリティクス業務）では、受注履歴やCRM（顧客関係管理システム）、MA（マーケティング・オートメーション・ツール）などのデータに対し、データ分析をしたり数理モデル構築をしたりするなどをし、営業活動を支援する情報をアウトプットします。

　データ分析・活用を実践する「現場」では、「机上」で出されたアウトプットをもとに、各営業パーソンが抱えているリード（見込み顧客）に対し実施する施策（アクション）を検討し実行します。その結果、リードから何かしらの反応があり、「実施した施策」（何をしたのか）とその「施策の結果」（どうしたのか）がデータとして得られるはずです。この発生したデータを蓄積します。

新たに得られたデータも使い、「机上」でさらなるデータ分析をしたり数理モデル構築をしたりするなどをし、アウトプットを出します。

　このような流れが、延々と続きます。

**店舗例**

　某小売りチェーンで実施している「販売促進」の例です。データドリブンな販促施策の実施を目指しています。

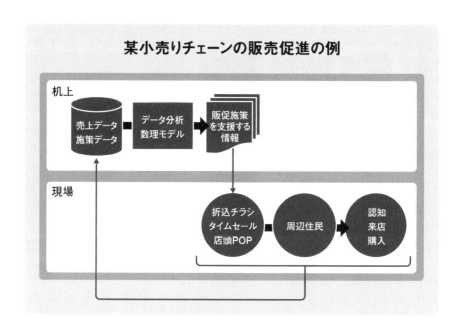

　「机上」（アナリティクス業務）では、POS データや施策データ（広告や販促に関するデータ）などに対し、データ分析をしたり数理モデル構築をしたりするなどをし、販促施策を支援するための情報を出します。

　データ分析・活用を実践する「現場」では、「机上」で出されたアウトプットをもとに、広告宣伝部と販売促進部、各店舗の店長などが連携しながら実施する施策を検討し実行します。その結果、店舗のある周辺住民から何かしらの反応があり、「実施した施策」（何をしたのか）とその「施策の結果」（どうしたのか）がデータとして得られるはずです。この発生したデータを

蓄積します。

　新たに得られたデータも使い、「机上」でさらなるデータ分析をしたり数理モデル構築をしたりするなどをし、アウトプットを出します。

　このような流れが、延々と続きます。

**工場例**

　某企業の工場で実施している「改善活動」の例です。データドリブンな改善活動の実施を目指しています。

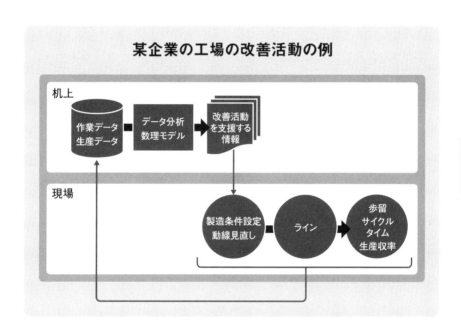

**某企業の工場の改善活動の例**

　「机上」（アナリティクス業務）では、作業データ（機器などの設定データを含む）や生産データ（センサー系のデータ含む）などに対し、データ分析をしたり数理モデル構築をしたりするなどをし、改善活動を支援するための情報を出します。

　データ分析・活用を実践する「現場」では、「机上」で出されたアウトプットをもとに、生産管理や工具などが抱えている歩留まり（良品の割合など）やサイクルタイム、生産収率などに関する課題に対し実施する施策を検

討し実行します。その結果、歩留まりやサイクルタイム、生産収率などに変化が生まれます。そこから「実施した施策」とその「施策の結果」がデータとして得られます。この発生したデータを蓄積します。

　新たに得られたデータも使い、「机上」でさらなるデータ分析をしたり数理モデル構築をしたりするなどをし、アウトプットを出します。

　このような流れが、延々と続きます。


## 》データドリブンを成功させるための「5ステージ」アプローチ

　今説明したようなデータドリブンな仕組みを作り上げ、成果を出し続けるにはどうしたらいいでしょうか。ここでは、次に示すような**「5ステージ」アプローチ**を紹介します。

　これは、データ分析・活用の3ステップ（テーマ設定・アナリティクス・ビジネス活用）を進めやすいように再構築したものです。


- ステージ1　デザイン（テーマ設定・アナリティクス設計）
- ステージ2　アナリティクス（設計以外）
- ステージ3　アナログなテスト運用
- ステージ4　デジタル化
- ステージ5　AI化・ロボティクス化


　ステージ1の**「デザイン（テーマ設定・アナリティクス設計）」**では、ステップ1の「テーマ設定」からステップ2の「アナリティクス」のステップ2－1「設計図構築」まで実施します。数値のデータをいじるというよりも、現状を整理したり進むべき方向性を考えたりと、定性分析メインのブレインワークが多くなります。それがデザインです。

　ステージ2の**「アナリティクス（設計以外）」**では、実際にデータを収集し整備し分析し、試行錯誤を繰り返しながら数理モデルを構築していきます。多くの方がイメージするデータ分析やデータサイエンス業務などになります。ステップ2の「アナリティクス」のステップ2－2「データ準備」

と、ステップ2－3「モデル構築」を実施します。要は、ブレインワーク中心のものをステージ1へ、PCワーク中心のものをステージ2へ振り分けています。

ステップ3の「ビジネス活用」は、ステージ3以降に該当します。ステップ3－1「アナログなテスト運用」がステージ3、ステップ3－2「デジタル化」がステージ4、ステップ3－3「AI化・ロボティクス化」がステージ5です。

ステージ3の**「アナログなテスト運用」**では、ステージ1で設定したテーマに対しステージ2で構築した数理モデルという武器を使い、アナログな運用をしながら現場でテスト運用していきます。アナログな運用とは、データ分析やデータサイエンティスト、機械学習エンジニアなどと呼ばれる方が、自ら手を動かしてアウトプットを出し現場へ提供することです。

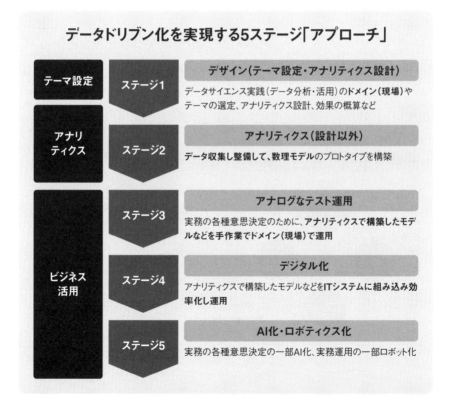

データドリブン化を実現する5ステージ「アプローチ」

| | | |
|---|---|---|
| テーマ設定 | ステージ1 | **デザイン(テーマ設定・アナリティクス設計)**<br>データサイエンス実践(データ分析・活用)のドメイン(現場)やテーマの選定、アナリティクス設計、効果の概算など |
| アナリティクス | ステージ2 | **アナリティクス(設計以外)**<br>データ収集し整備して、数理モデルのプロトタイプを構築 |
| ビジネス活用 | ステージ3 | **アナログなテスト運用**<br>実務の各種意思決定のために、アナリティクスで**構築したモデル**などを手作業でドメイン(現場)で運用 |
| | ステージ4 | **デジタル化**<br>アナリティクスで構築したモデルなどを**ITシステムに組み込み効率化し運用** |
| | ステージ5 | **AI化・ロボティクス化**<br>実務の各種意思決定の一部AI化、実務運用の一部ロボット化 |

このステージ3で成果を出すことができれば、あとはいかに楽に運用すべきかを考えていき、部署の横展開などを検討していきます。それが、ステージ4の「**デジタル化**」やステージ5の「**AI化・ロボティクス化**」です。ビジネス成果を拡大するために実施します。

## » アナログなテスト運用とは?

ステージ3では、ステージ1と2で考え構築したものを現場で活用しながら、都度修正していきます。数理モデルを構築し直したり、現場に提供するアウトプットの方法を変更したり、現場で活用しやすいものに修正します。よくあるのが見せ方の変更です。

例えば、折れ線グラフを棒グラフに修正してみたり、グラフの色を変えてみたり、単なる一覧表にしてみたりします。グラフの形状や色使いを変更するだけで、活用してくれるようになることがあります。このとき、2つのPDCAサイクルが回ります。**データ活用する現場のPDCAサイクル**と、それを支える**アナログなテスト運用のPDCAサイクル**です。

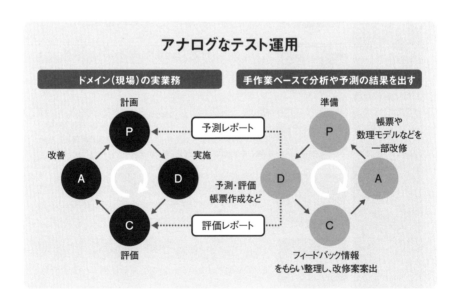

このような「手を動かしてアウトプットを出し現場へ提供する」というアナログなテスト運用はつらいものですが、この段階でビジネス成果を出すことを目指します。ビジネス成果を出すためにはどうすべきかを考えながら、都度修正していきます。

## ≫ アナログなテスト運用まで行けばDXは失敗しない

今までのお話でわかる通り、ステージ3の「アナログなテスト運用」までうまくいけば、そのデータ分析・活用は成功したといえます。今流行のキーワードで表現すると、DX（デジタルトランスフォーメーション）といえるかもしれません。

なぜ、DXがうまくいったといえるのでしょうか？ それは、アナログなテスト運用を実施し、うまくいくことがわかった段階でデジタル化に進むと、**うまくいかないデジタル化と称したITシステムの構築を避けられるから**です。

そのため、アナログなテスト運用は、ビジネス成果を出すためにはどうすべきかを、データ活用する現場と、データ分析や数理モデルの予測結果などを提供するデータサイエンティスト側が二人三脚で、都度修正しながら進めます。

ここでいえるのは、ステージ1からステージ3を経ずに、「AI化だ！」「デジタル化だ‼」「DXだ‼‼」という感じで、いきなり「ステージ4」や「ステージ5」を実施しないように気をつけましょう、ということです。

## ≫ 3つのタイプのアナリティクス

アナリティクスは、データドリブン化のステージによって、大きく次の3タイプに分かれます。

- 初めて実施するアナリティクス
- 定着化のためのアナリティクス
- 運用時のアナリティクス

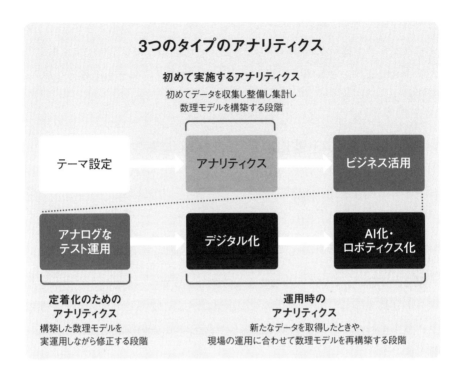

**3つのタイプのアナリティクス**

**初めて実施するアナリティクス**
初めてデータを収集し整備し集計し
数理モデルを構築する段階

テーマ設定 → アナリティクス → ビジネス活用

アナログな
テスト運用 → デジタル化 → AI化・
ロボティクス化

**定着化のための
アナリティクス**
構築した数理モデルを
実運用しながら修正する段階

**運用時の
アナリティクス**
新たなデータを取得したときや、
現場の運用に合わせて数理モデルを再構築する段階

「初めて実施するアナリティクス」とは、今まで説明した「テーマ設定→ア
ナリティクス→ビジネス活用」の流れの中の、**「テーマ設定」後に初めて実
施するアナリティクス**です。

「定着化のためのアナリティクス」とは、「初めて実施するアナリティクス」
で構築した数理モデルのプロトタイプを、実運用しながら修正し現場活用し
やすくする段階です。これは、**「ビジネス活用」時の「アナログなテスト運
用」時に実施するアナリティクス**になります。

「運用時のアナリティクス」とは、「定着化のためのアナリティクス」で構
築したものを、新たなデータの取得や、現場の運用に合わせて、**再集計や再
構築をするためのアナリティクス（データ分析や数理モデル構築など）**で
す。数理モデルの再構築などは自動化を目指します。

　ただ、定期的なメンテナンスが必要になりますので、「初めて実施するア
ナリティクス」や「定着化のためのアナリティクス」と同じようなアナリテ
ィクスを何度か実施することになるでしょう。

# 2 » ワークショップ形式で ガンガン進めよう

## » 結局のところ「人」である

データ分析・活用の成否を握るのは「人」です。ビジネス成果を出すには、データ分析者やデータサイエンティスト、機器学習エンジニアなどと呼ばれる AI 人財だけでは無理です。多くの協力が必要です。

いきなりデータ分析者やデータサイエンティスト、機器学習エンジニアなどと呼ばれる AI 人財だけ集めて、データ分析・活用を始めても、なかなかうまくいかないことでしょう。普通のビジネスパーソンから見たら、データ分析者やデータサイエンティスト、機器学習エンジニアなどは、単なる変わり者の集団です。この変わり者の集団を見た他部署の人から、「動物園みたいだ」とよくいわれます（私が就職した20年前からいわれています）。

このような状況で、ビジネス成果を出すのは至難の業です。このようなデータ分析やデータサイエンス系の組織は、他部署から孤立している（浮いている）可能性が高いです。このような状況を打開する必要が出てきます。

データ分析・活用でビジネス成果を上げていくのは現場です。データ分析者やデータサイエンティスト、機器学習エンジニアなどから現場に歩み寄るのは当然ですが、現場サイドに最低限のデータリテラシーがないと、物事がなかなか前に進みません。組織内に最低限のデータサイエンスなどの知識を浸透させるために、組織的に**データリテラシー教育**をするといいでしょう。

教育といっても、データ活用の効果効能の理解や、データ分析や数理モデル（AI 含む）などが魔法の箱でないこと、考え方、思考法、最低限のキーワードなどを学ぶだけです。1日、場合によっては、数時間で済みます。

ただ、最低限のデータリテラシーさえ身につければ大丈夫なのかというと、そうでもありません。可能であれば、第3章1項「テーマ設定の考え方と流れ」で簡単に説明した、現場との間を取り持つ人財がいると大変助かります。現場のことをよく知っているし、データ分析やデータサイエンスなどもある程度理解している人財（翻訳者）です。

## 》 データ分析・活用ワークショップ

　現場とデータサイエンティストなどと、その間を取り持つ翻訳者となる人財の3人4脚で進めるためには、この3者のチームで1つのドメインに対し、テーマ設定から取り組むといいでしょう。このチームを「三つ鼎タスクフォース」と私は呼んでいます。

　これから説明するのは、私がよく行なう方法です。

　まず、「三つ鼎タスクフォース」をドメインごとに作ります。同じドメインに複数の「三つ鼎タスクフォース」があっても構いません。「三つ鼎タスクフォース」は、3人で実施するわけではなく、3つの役割の人たちがいるという感じです。

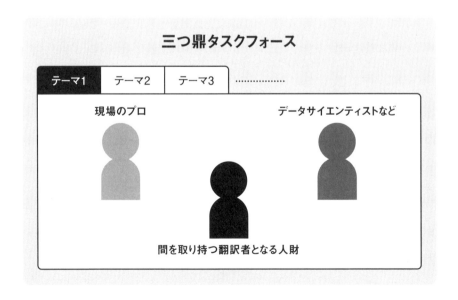

「三つ鼎タスクフォース」体制で、3カ月（四半期）タームのデータ分析・活用ワークショップを開き、テンポよく進めていきます。ただこれだけです。

3カ月（四半期）以上の時間がかかりそうなものも、3カ月（四半期）単位でどのような成果を出すのかを定義し区切っていきます。

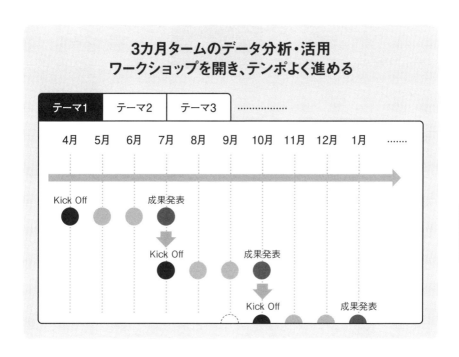

多くの場合、最初の3カ月で「ステージ1　デザイン」と「ステージ2　アナリティクス（設計以外）」が終了します。次のように「ステージ1　デザイン」で1.5カ月、「ステージ2　アナリティクス（設計以外）」で1.5カ月となるケースが多いです。

ただ、「ステージ1　デザイン」の中の「テーマ設定」が1カ月で終わらないこともあり、「テーマ設定」だけで1.5カ月かかるケースも少なくありません。

「ステージ2　アナリティクス（設計以外）」までが終了したら、次の3カ

月で「ステージ３　アナログなテスト運用」という感じで進みます。

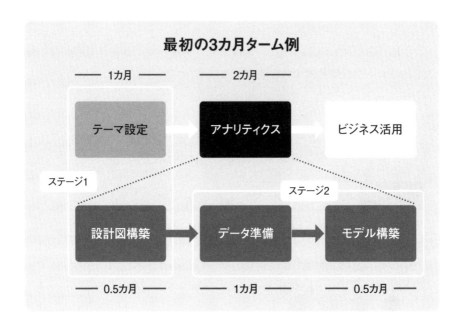

これで概ねうまくいきます。もちろん、うまくいかないときもありますが、その組織長のやる気やその組織のワークショップ運営側（いわゆる間を取り持つ「翻訳者」やデータサイエンティストなどで構成）の積極性のどちらかがあれば、うまくいくはずです。どちらかが欠けると厳しいでしょう。

## ≫ テーマが既に決まっているとき

ステージ１からステージ３までの道のりは楽ではありません。頭を酷使します。忍耐力が試されます。

ステージ１からステージ３の中で、最大の壁はステージ１です。ステージ１の中のテーマ設定が最大の壁です。テーマ設定で失敗すると、最悪です。筋の悪いテーマを選んでしまったら、その後いくら頑張っても浮かばれません。筋が悪いので、うまくいってもそこから得られるビジネス成果が労力に見合っていないのです。

データ分析・活用のテーマは、天から降ってくることがあります。会社のエライ人からです。もしくは、組織として宿命づけられているテーマもあります。逃れようがないかもしれません。そのときどうすればいいでしょうか。

　天から降ってきたテーマでも、ステージ1の「デザイン（テーマ設定・アナリティクス設計）」は実施しましょう。天から降ってきたテーマだけで、ステージ1を実施します。既にテーマが決まっているため、楽に進めることができることでしょう。

　具体的には、ステージ1の「デザイン（テーマ設定・アナリティクス設計）」で使うワークシートに記載していくだけです。その後、ステージ2へと進みます。

　ワークシートに記載していくと、天から降ってきたテーマが具体化します。漠然としていたものが具体化するため、筋の良し悪しが見えてきます。そのテーマを微修正することが多いです。場合によっては、まったくの別テーマになることもあります。

　記載したワークシートを見て、どうするかを決めましょう。それなりのビジネス成果を得られそうで、なんとか進められそうであれば、その天から降ってきたテーマでステージ2以降を実施すればいいのです。そうでなければ、会社のエライ人にそのことを報告し相談するといいでしょう。

　それでもやるというのであれば、やるしかないかもしれません。しかし、多くの場合、説得できると思います。そして、どうすればいいのか意見を求められると思います。代替案です。そのときは、テーマがない状態でステージ1の「デザイン（テーマ設定・アナリティクス設計）」を実施し、その結果を報告します。

# 3 » 波及戦略のデザイン（マチュリティ構想）

## » 小さく始め、大きく波及させる

「テーマ設定」時に、テーマ選定マトリクスの右上にプロットされている「実現が容易で、実現したときのインパクトが大きいテーマ候補」を選ぶのが理想です。いわゆる筋のいいテーマです。

　しかし、このようなテーマはそれほど多くはありません。多くのテーマは、右上にプロットされている**「実現が容易で、実現したときのインパクトが大きいテーマ候補」以外**です。

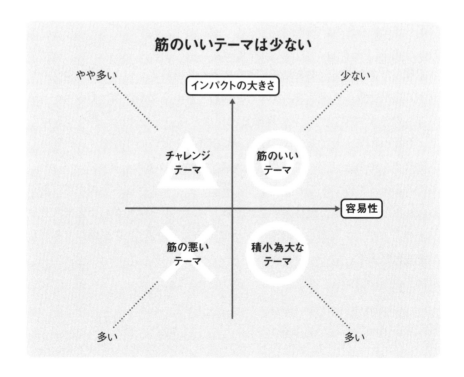

筋のいいテーマは少ない

左下にプロットされている「実現が難しく、実現してもインパクトが小さいテーマ候補」は問題外と考えると、左上にプロットされている「実現が難しいものの、実現したときのインパクトが大きいテーマ候補」か、右下にプロットされている「実現が容易だが、実現してもインパクトが小さいテーマ候補」を選ぶケースが多くなることでしょう。

　自信と能力と覚悟などがない場合には、左上にプロットされている「実現が難しいものの、実現したときのインパクトが大きいテーマ候補」よりも、右下にプロットされている「実現が容易だが、実現してもインパクトが小さいテーマ候補」を選ぶのがいいでしょう。

　最初からホームランを狙うのはハイリスクです。データ分析・活用でうまくいきやすいのは、**できるだけコンパクト（できれば自部署＋関連部署が1つ2つだけ）に小さく始め、その成果をもとに大きく波及させる**ことです。

　小さく始めると、軌道修正も簡単ですし、失敗の影響も少なく、何度でも

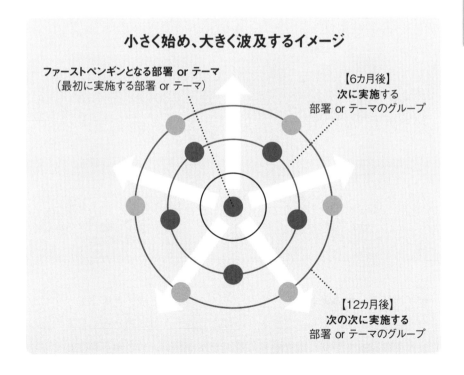

**小さく始め、大きく波及するイメージ**

**ファーストペンギンとなる部署 or テーマ**
（最初に実施する部署 or テーマ）

**【6カ月後】**
**次に実施する**
部署 or テーマのグループ

**【12カ月後】**
**次の次に実施する**
部署 or テーマのグループ

チャレンジできます。そして、関わった人に早い段階で、自信を与えてくれます。何よりも、小さくても実績は実績です。エライ人や関連部署などの理解や協力を得るのに、この実績が使え、大きく波及する手助けになります。

　小さく始めるとき、大きく以下の３つの進化軸で考えるといいでしょう。

- 軸１（テーマの大きさ）：テーマ設定を小さくする（例：ある限定されたテーマ）
- 軸２（影響範囲）：影響範囲を小さくする（例：数人レベル）
- 軸３（モデリング）：入手しやすいデータや簡単なデータサイエンスのモデリング技術だけで始める（例：昔からある簡単な数理モデルや手法）

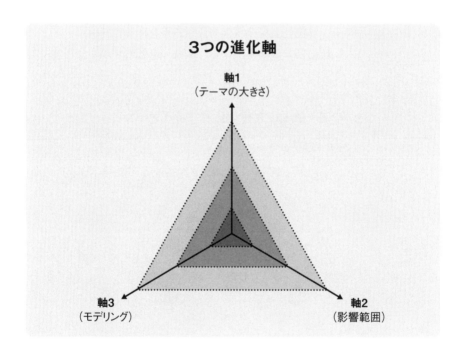

　軸１の**「テーマの大きさ」**の視点で小さく始めるとは、世界市場シェアでトップになるとか、データビジネスを創造し新たな収益源を作るとかではなく、まずは、ある事業の既存顧客の離脱を防ぐとか、ある製品の歩留まりを

改善するとかテーマ設定を小さくすることです。

　軸2の**「影響範囲」**の視点で小さく始めるとは、全販社でグローバルに始めるとか、海外含めたすべての工場で実施するとかではなく、まずは、国内の一部の地域の某営業所で実施するとか、国内のある工場の1つのラインで試験的に実施するとか影響範囲を小さくすることです。

　軸3の**「モデリング」**の視点で小さく始めるとは、データ基盤を整えるために大規模なIT投資をするとか、最近流行りの数理モデルにチャレンジするとかではなく、まずは、入手可能なデータだけでやるとか、社内人財で理解可能な数理モデルで実施するとかです。


　まずは、テーマそのものを小さく限定し、影響範囲をコントロールできる規模（フェイス to フェイスで会って議論できる規模）に抑え、多大な投資が必要ない程度のデータとデータサイエンス技術で小さく実践し、確実にビジネス成果を上げることです。

　**小さな成果でも成果です**。塵も積もれば山となるということで、積み上げるとそれなりの成果になります。まさに、二宮尊徳の「積小為大」です。

## » データドリブンの波及戦略を考えよう

「テーマ設定」時に、たくさんのテーマが案出されます。「アナリティクス」時には、特定のテーマに対し数理モデルを構築しただけでなく、どのように活用し成果を出すかまで考えます。「アナログなテスト運用」時には、どうすればビジネス成果が出るのかを試行錯誤します。これらを小さく始めますが、大きく波及させるために、今後どのように進化させていくのかを考えていきます。

　要するに、今まで検討した内容を整理し、**組織的な進化**、**取り組むテーマの拡大**、**取り扱ったフォーカステーマ**の**波及戦略**などをデザインしていきます。

　例えば、次の3つのことを実施しデザインします。


● マチュリティマップの描写

- 取り組むテーマの拡大計画
- フォーカステーマの波及計画

　マチュリティマップとは、データ活用の成熟度の段階を定義したものです。「マチュリティマップの描写」では、**データ分析・活用の現在のレベルを明らかにし、そこから短期的にどのレベルに行き、中長期的にどのレベルに行き、夢はどのレベルに行きたいかのか**を明確にしていきます。そのとき、現状から短期に向けて起こすべき変化（Before → After）も明確にします。

　「取り組むテーマの拡大計画」とは、**洗い出したテーマの開始時期など**を計画するものです。最初は１つのテーマに集中することをおすすめしますが、慣れてきたら複数のテーマを並行して走らせてもいいでしょう。ちなみに、取り組むと決めたフォーカステーマでデータ分析・活用を実施している中で、新たなテーマが生まれることも多いです。恐らく、どんどんテーマが生まれることでしょう。

　「フォーカステーマの波及計画」とは、**取り組むと決めたテーマであるフォーカステーマをどのように波及拡大していくのか**を計画するものです。先ほど説明した、３つの軸（テーマの大きさ・影響範囲・モデリング）で考えていきます。影響範囲（部署やエリアなど）を拡大したり、テーマをより大きいものへシフトしたりします。

## ≫ マチュリティシートの使い方

　ここでは、次のような **「マチュリティシート」** を使ったやり方を説明します。マチュリティシートは、次の３つのページで構成されています。

- マチュリティマップ
- 取り組むテーマの拡大計画
- フォーカステーマの波及計画

## マチュリティマップ

「マチュリティマップ」ページでは、全体的な方向性と短期的な変化を考えていきます。

### マチュリティシートの「マチュリティマップ」ページ

①「現在→短期→中長期→夢」を描写　②「現在・短期・中長期・夢」の状況を記載

| | | | | |
|---|---|---|---|---|
| [5] 分析力を武器にしている | | 中長期 | | 夢 |
| [4] 分析力を備えている | | | | |
| [3] 分析力の組織的な強化に取り組む | | | | |
| [2] 分析力の活用が限定的 | | 短期 | | |
| [1] 分析力に劣る | 現在 | | | |

[1] 個人レベル　[2] 部門レベル　[3] 全社レベル　[4] 最適化レベル　[5] 革新レベル

■現在
興味のある人が個人的にデータ分析の書籍を読んだり、セミナーに参加したりしている状態。具体的なビジネス活用までにはいっていない

■短期「0.5」年後
とりあえず、デジタルソリューション事業部インサイドセールス部内で、データ分析を活用した実績を1つ2つ出していく

■中長期「2」年後
できれば、デジタルソリューション事業部内の他部署も含め、データ分析を武器に積極的なビジネス展開をしていきたい

■夢「5」年後
DXが完成し、常にデータ分析で変革を起こす

| 現状→短期 | | |
|---|---|---|
| 項目 | Before（現在） | After（短期） |
| 活用範囲 | なし | 新規顧客の獲得（テーマ候補1） |
| 人財 | 各個人の"お勉強"レベル | 最低3名のデータ分析人財を育成する |
| 収益インパクト | なし | 事業貢献利益1.1倍 |
| 蓄積基盤 | データは溜まっているが、バラバラに存在する | とりあえず、データを集約する手順を作る |
| 分析環境 | 分析ツールは有料も含めある。BIツールもある | 現在と同じ |
| 共有基盤 | 決まったものはないが、BIツールはある | 週1回メールで営業に情報を渡し、打ち合わせで口頭説明 |

③「現在→短期」の変化を具体化

まず、組織的観点から現在地がどこなのか考えます。その後、**「短期・中長期・夢」**という形で、3段階で考えます。

　ちなみに、タテ軸はトーマス・ダベンポート等（2011）の「分析力を駆使する発展の5段階」を参考にしたものです。

● 分析力に劣る
● 分析力の活用が限定的
● 分析力の組織的な強化に取り組む
● 分析力を備えている
● 分析力を武器にしている

　ヨコ軸はジム・デイビス等（2007）の「情報価値を最大化するための5段階」を参考にしたものです。

● 個人レベル
● 部門レベル
● 全社レベル
● 最適化レベル
● 革新レベル

　この場合、タテ軸とヨコ軸は完全に独立した概念ではありませんので、左下から右上のほうに「現在→短期→中長期→夢」と描写されると思います。
　タテ軸とヨコ軸の定義は、組織の方針や実情に合う形で変えてしまっても構いません。

　次に、**「現在」**がどういった状況なのか、そして**「短期・中長期・夢」**で**どういった状況を目指すのか**を、言葉で明確に定義します。このとき、いつまでに達成するのかも記載しましょう。

そしてファーストステップとして、**「現在→短期」にどのような変化を起こすのか**を具体化します。

### 取り組むテーマの拡大計画

「取り組むテーマの拡大計画」ページでは、洗い出したテーマ（課題単位）の開始時期などを計画します。

## マチュリティシートの「取り組むテーマの拡大計画」ページ

| | テーマ（課題単位） | | 課題 | | 優先順位 | 取り組む開始時期 |
|---|---|---|---|---|---|---|
| | 課題 | 解決策 | 容易性 | インパクトの大きさ | | |
| T1 | 「リストの上から順番に対応、その結果有望な見込み顧客を取り逃がしている」ので「取り逃さないようにする」 | 継続契約年数が3年以上になる見込み顧客を優先し対応する | やや容易 | 大 | 1 | 2020年10月 |
| T2 | 「対応すべきリストに対しインサイド営業が少ないため、インサイド営業が疲弊し異動希望者や退職者が多い」ので「人員を増やす」 | インサイド営業の人数を3倍にする | 難しい | 中 | 3 | 未定 |
| T3 | 「見込み顧客リストが膨大なため、対応しきれず有望な見込み顧客を取り逃がし、インサイド営業を疲弊させている」ので「有望な見込み顧客を獲得しやすい自社イベントに絞って開催する」 | 受注確度の高い自社イベントを優先し、開催回数を減らす | 容易 | やや大 | 2 | 2021年1月 |

**①テーマ（課題単位）とその評価**
※テーマ（課題単位）評価シートから転記

**②開始時期**
※今後取り扱う予定のテーマに対し「開始時期」を記載。
取り扱う予定のないテーマは「未定」と記載

まず、第3章2項「ステップ by ステップで進める『テーマ設定』」の最後に作成した「テーマ（課題単位）評価シート」の内容を転記します。

次に、**「開始時期」**を記載します。取り扱う予定のないテーマは「未定」

と記載します。

## フォーカステーマの波及計画

「フォーカステーマの波及計画」ページでは、取り組むテーマであるフォーカステーマをどのように波及拡大させていくのかを計画します。そのため、このページは、取り組むと決めたフォーカステーマごとに作ります。

まず、フォーカステーマに関する**「テーマ（課題単位）評価シート」**の内容を転記します。

次に、**「ホップ・ステップ・ジャンプ」の３段階**で、どう拡大していくのかを、３つの軸（**テーマの大きさ・影響範囲・モデリング**）で考えます。「ホップ」が最初の目指す段階です。

ホップ・ステップ・ジャンプの時期と、どの程度のビジネス成果を生み出しそうなのかを、**「目標指標（KGI）」**の数値で示します。ざっくりしたものでも構いません。

「ジャンプ」の段階を見据えつつ、足元の「ホップ」の段階を確実に実現するという感じです。「ジャンプ」だけ見ると大変そうですが、小さく始めた段階の「ホップ」がうまくいくと、比較的スムーズに進みます。

「ホップ」のビジネス成果は小さなものですが、小さくても実績は実績です。この小さな実績が、社内で波及させるときの説得材料としておおいに役立ちます。小さな実績を見た他部署の人が「自分達もやりたい」と申し出てくることも少なくありません。

まずは、様々な小さなテーマにチャレンジし、高速で失敗しながら軌道修正し、小さな実績をつかみましょう。そして、この小さな実績をフックに、おおいに成果を拡大しましょう。「案ずるより産むが易し」です。

# マチュリティシートの「フォーカステーマの波及計画」ページ

## ①フォーカステーマ（課題単位）情報
### ※テーマ（課題単位）評価シートから転記

| テーマ（課題単位） | | 目標指標<br>（KGI） | As-Is<br>（現状） | To-Be<br>（理想） | データから<br>作る<br>課題解決に<br>役立つ<br>情報 |
|---|---|---|---|---|---|
| 課題 | 解決策 | | | | |
| 「リストの上から順番に対応、その結果有望な見込み顧客を取り逃がしている」ので「取り逃さないようにする」 | 継続契約年数が3年以上になる見込み顧客を優先し対応する | ・新規受注件数<br>・取引年数の構成比 | ・新規受注件数：月間10件<br>・取引年数：約50%が1年から2年間 | ・新規受注件数：月間15件<br>・取引年数：90%が3年間以上 | ・受注率の予測値<br>・継続契約年数の予測値<br>・受注金額の予測値 |

| 段階 | 波及計画 | | | 達成時期 | 指標の目標値 |
|---|---|---|---|---|---|
| | テーマの大きさ | 影響範囲 | モデリング | | |
| ホップ | 新規顧客の獲得 | 北関東 | 全体モデル | 2021年3月 | ・新規受注件数：月間10件<br>・取引年数：90%が3年間以上 |
| ステップ | 新規顧客の獲得 | 関東 | 全体モデル | 2022年3月 | ・新規受注件数：月間10件<br>・取引年数：90%が3年間以上 |
| ジャンプ | 新規顧客の獲得 | 全国 | エリア×商材別モデル | 2023年3月 | ・新規受注件数：月間15件<br>・取引年数：90%が3年間以上 |

②ホップ・ステップ・ジャンプの3段階の定義

③達成時期とビジネス成果（指標の目標値）

**読者特典**

データを利益に変える！
セールスアナリティクス設計テンプレート
▶ https://www.salesanalytics.co.jp/books4/

書籍内で使っているテンプレートを、
上記 URL よりダウンロードしていただけます。
ぜひ、ご活用ください。

※本特典に関するお問い合わせは、株式会社セールスアナリティクス（https://www.
salesanalytics.co.jp/）までお願いいたします。
※この特典は、予告なく内容を変更・終了する場合がありますことをご了承ください。

著者略歴

高橋 威知郎 (たかはし いちろう)

株式会社セールスアナリティクス 代表取締役 CEO、データネクロマンサー、データ分析・活用コンサルタント、中小企業診断士
内閣府（旧総理府）およびコンサルティングファーム、大手情報通信業などを経て現職。官公庁時代から一貫してデータ分析業務に携わる。ビジネスデータを活用した事業戦略および営業戦略、マーケティング戦略、マーケティング ROI（投下資本利益率）、LTV（顧客生涯価値）や、統計モデルや機械学習などの数理モデル構築のコンサルティングを、組織の内外で行なう。高騰するデータサイエンス系サービスに抵抗のある人や企業向けに、手軽かつ安価に「ビジネス貢献するデータ分析」を学び実務で活用できるよう、株式会社セールスアナリティクスを設立。大企業のみならず、中小企業やベンチャー企業、社長一人企業などにおけるビジネスデータ分析とその利活用のコンサルティングや、ビジネス貢献するデータ分析者の育成支援、その学びの場の提供をしている。
著書に、『問題解決のためのデータ分析基礎講座』『問題解決のためのデータ分析応用講座』（ビジネス教育出版社）、『文系のための データサイエンスがわかる本』（総合法令出版）、『最速で収益につなげる完全自動のデータ分析』（クロスメディア・パブリッシング（インプレス））、『営業生産性を高める！「データ分析」の技術』（同文舘出版） など。

【お問い合わせ】
株式会社セールスアナリティクス
https://www.salesanalytics.co.jp/

データを利益に変える！
# データドリブンセールス

2021 年 9 月 30 日初版発行

著　者 ─── 高橋威知郎

発行者 ─── 中島治久

発行所 ─── 同文舘出版株式会社

　　　　　東京都千代田区神田神保町 1-41　〒 101-0051
　　　　　電話　営業 03 (3294) 1801　編集 03 (3294) 1802
　　　　　振替 00100-8-42935
　　　　　http://www.dobunkan.co.jp/

©I.Takahashi　　　　　　　　　　ISBN978-4-495-54095-1
印刷／製本：三美印刷　　　　　Printed in Japan 2021